U0148711

眞理的極限

蔣立民 著

文史哲出版社印行

國家圖書館出版品預行編目資料

真理的極限 / 蔣立民著. -- 初版. -- 臺北市：
文史哲，民 93
　　面：　公分
　　ISBN 957-549-539-x (平裝)

1.人生哲學

191

眞理的極限

著　　者：蔣　　　立　　　民
出 版 者：文　史　哲　出　版　社
http://www.lapen.com.tw
登記證字號：行政院新聞局版臺業字五三三七號
發 行 人：彭　　　正　　　雄
發 行 所：文　史　哲　出　版　社
印 刷 者：文　史　哲　出　版　社
臺北市羅斯福路一段七十二巷四號
郵政劃撥帳號：一六一八○一七五
電話 886-2-23511028・傳真 886-2-23965656

實價新臺幣一五○元

中華民國九十三年 (2004) 元月初版

著財權所有・侵權者必究
ISBN 957-549-539-x

真 理 的 極 限

目　錄

2　真理的極限

眞理的極限

——由科學、哲學、宗教三者統一建立的"新宇宙原理"。

——本文的誕生宣告了地球上最後一次大洪水以後，人類建立起來的文明已經完成了對宇宙的產生、發展、消亡全部過程的最本質的考察。

第一階段　宇宙起於無 (v=0)

世界上存在著的任何事物都必定是從其他事物之中發展變化而來的。宇宙也決不例外，它決不可能會是毫無形成根源，無始無終地永恆自存著的。宇宙，即總體的物質，必定是從絕對無一絲一毫物質的絕對的"無"之中，先產生出最微小的物質，進而發展演化成巨大的物質的宇宙。

可這絕對無一絲一毫物質的絕對的"無"又究竟是什麼呢?這裏將下一階段的兩個重要概念先使用一下：**在整個宇宙中，只存在兩種自然物質，一種是空間存在物質(Space Existance Substance,簡稱 SES。)，一種是時間消亡物質(Time Destruction Substance，簡稱 TDS。)。宇宙(簡稱 C，英文 Cosmos。)是由這兩種物質構成的，即 C=|SES|+|TDS|(新宇宙第一原理)。宇宙從無產生、發展、消亡的全部過程及在這全部過程中產生的全部不同的物質，就是空間存在物質與時間消亡物質以相同或全套不相同的數量比例對立統一共存於一體的產物，既 C(或 M，物質，英文 Material)=S/T(新宇宙第二原理)。當構成宇宙的空間存在物**

<u>質與時間消亡物質絕對相等的時候，空間存在物質被時間消亡物質全部消滅，這時的宇宙就是絕對無任何物質的絕對的"無"，即 C=|SES|-|TDS|=0，(SES=TDS)，(新宇宙第三原理)。</u>

絕對無物質的絕對的"無"，是宇宙發展過程中的一個特殊階段，空間存在物質與時間消亡物質絕對相等。因此沒有任何物質(即 SES=0,TDS=0。)；也不存在任何運動(即 v=0。v，運動，英文 Velocity。)；也不存在任何能量(即 E=0。E，能量，英文 Energy。)。

第二階段　時空統一體 (v=v$_{max}$)

1 時空的誕生　從絕對的"無"之中,最先誕生的必定是宇宙自然史中最最微弱、最最不易察覺的一絲蠕動，但這竟管是最爲奄奄一息的蠕動,卻也必定是包含了存在萌芽的蠕動,它宣告了一顆最偉大的存在萌芽破天荒地地誕生了。這最先誕生的、最微小的存在萌芽，在其誕生同時，就與生俱來必定同時受到了一種是肯定它存在並促使它向更大規模發展的存在因素和另一種是否定它存在並促使它返回到"無"之中去的消亡因素的作用。這兩種因素都是真實的物質，也就是說，從絕對的"無"之中，最先誕生的最微小的粒子是由一顆肯定它存在並促使它發展的粒子和另一顆是否定它存在並促使它消亡的粒子，這兩顆性質完全對立的正、負粒子構成的。並且最先誕生的、最微小的粒子得於存在，其中肯定它存在的粒子必定大於否定它存在的粒子，<u>將數量上佔優勢體積大的一種粒子，稱爲空間存在粒子</u>(Space Existence Particle，簡稱 SEP。)，它是物質空間存在的基礎；<u>將數量上處劣勢體積小的一種粒子稱爲時間消亡粒子</u>(Time Destruction Particle，簡稱 TDP。)，它的作用是使空間存在粒子消亡，但由於它比空間存在粒子體積小，因此它使空間存在粒子消亡必須有一個過程，這個過程就是時間。它是使今後基本粒子、物質及宇宙發展、變化、消亡及在這過程中產生時間觀念的粒子，因此稱爲時間消亡粒子。空間存在粒子和時間消亡粒子兩者性質完全對立(是正、負粒子)、相互依賴、缺一不可地對立統一於一體，稱爲空間存在粒子和時間消亡粒子對立統一體。

2 時間的本質　在空間存在粒子和時間消亡粒子對立統一體中，空間存在粒子與時間消亡粒子性質完全對立，兩者一相遇就立即相互湮滅，但由於空間存在粒子是一種數量上佔優勢的粒子，而時間消亡粒子是一種數量上處劣勢的粒子。因此時間消亡粒子不可能一次就使空間存在粒子完全消滅，必須有一個過程，這個過程就產生了這個空間存在粒子和時間消亡粒子對立統一體的特定時間(不同的物質或不同的宇宙階段具有不同的時間過程，這是愛因斯坦的思想。)。

3 空間的本質　從絕對的"無"之中，最先誕生的空間存在粒子和時間消亡粒子對立統一體，作爲物質它必定具有一定的空間，因此其中的空間存在粒子必定大於時間消亡粒子。也就是說，從空間存在粒子與時間消亡粒子絕對相等對稱的"無"之中，產生的任何物質，即使是最最微小的物質，這種對稱平衡性也必被打破，其中的空間存在粒子必定大於時間消亡粒子(這就是現代物理學中一大謎，爲什麼宇宙中任何物質必須遵守對稱性破缺規律的根本原因。)。<u>空間存在物質(空間存在粒子)與時間消亡物質(時間消亡粒子)兩者不平衡的程度(也就是對稱性破缺的程度)，就是該物質或宇宙的體積，即 V(V，體積，英文 Volume。)=|SES|-|TDS|(新宇宙第四原理)。</u>

4 運動的本質　在最先誕生的空間存在粒子和時間消亡粒子對立統一體中，空間存在粒子與時間消亡粒子兩者力量必不平衡，不平衡就得鬥爭，以求平衡，這種鬥爭就導致了空間存在粒子和時間消亡粒子對立統一體(包括今後粒子、物質和宇宙。)的運動(這就是千古之謎宇宙爲何運動的真正根本原因)。因此，當構成宇宙或物質的空間存在物質與時間消亡物質兩者越平衡，也就是宇宙或物質體積越小的時候，恰恰是兩者間性質對立差異程度越大，鬥爭越激烈，也就是運動速度越快的時候；相反，當空間存在物質與時間消亡物質兩者越不平衡，也就是宇宙或物質體積越大的時候，實質上恰恰是兩者間性質對立差異程度越小，鬥爭越不激烈，也就是運動速度越慢的時候，即：

$$\mathbf{v}(速度)=\frac{1}{V(體積)}=\frac{1}{|SES|-|TDS|}(新宇宙第五原理)。$$

因此，從絕對的"無"之中，最先誕生的空間存在粒子和時間消亡粒子對立統一體，是宇宙物質的極小值，也是構成與統一宇宙及物質的唯一基本粒子(及單位)。構成它的空間存在粒子與時間消亡粒子達到空間存在物質與時間消亡物質在不平衡狀態中能達到平衡程度的極大值，也就是兩者性質對立程度，即鬥爭程度的極大值，因此它也是宇宙或物質運動速度的極大值。即：

$$\mathbf{v}_{max}=\mathbf{v}_{SEP 和 TDP 對立統一體}$$
$$\mathbf{v}_{min}=\mathbf{v}_{SEP 和 TDP 對立統一體}$$
(新宇宙第六原理)。

5 斥力與引力　在最先誕生的空間存在粒子和時間消亡粒子對立統一體中，空間存在粒子以斥力的方式竭力使它向更大規模發展，而時間消亡粒子則是以引力的方式竭力使它消亡。但由於空間存在粒子大於時間消亡粒子，因此斥力必定大於引力。(現代物理學認爲，宇宙中只存在萬有引力，而不存在萬有斥力，這是錯誤的。今天的宇宙仍在繼續膨脹，就是宇宙總斥力大於總引力的最好證明。事實上，對於整個宇宙空間來說是斥力大於引力，而對於具體星球來說，由於他們要維持存在，其引力必定要大於斥力。但切切記住：地球或其他星球上引力的數值，是扣除宇宙在這區域斥力後因此很微弱的數值。）。

　　6 意識的誕生　從絕對的"無"之中，最先誕生的空間存在粒子和時間消亡粒子對立統一體，是宇宙物質的極小值；同時它也是宇宙物質運動速度的極大值；並且在空間存在粒子和時間消亡粒子對立統一體中，空間存在粒子與時間消亡粒子規模幾乎相等，達到在不平衡狀態時平衡程度的極大值，因此由於時間消亡粒子在空間存在粒子和時間消亡粒子對立統一體中所占的比例達到極大值，這時的空間存在粒子和時間消亡粒子對立統一體是物質變化的極大值，變化即精神，因此它也是宇宙物質精神的極大值；再者由於空間存在粒子和時間消亡粒子對立統一體是宇宙物質的極小值（越是微觀的物質越具有更普遍、高級的物質特性。），因此它包含了全部物質的一切根本特性(包括：思維、意識、精神。)，是宇宙中最最高級的物質。總之，**最先誕生的空間存在粒子和時間消亡粒子對立統一體是宇宙中最最高級的物質，它是意識物。它能徹底按自身的需要，以物質的極限速度，隨心所欲改變、創造自身，以徹底滿足自身存在、發展或消亡的一切意志。它是萬能的意識物(新宇宙第七原理)。**這個階段的宇宙是徹底符合哲學意義上絕對自由的含義的，自然的本性是自由。(宇宙發展的這個階段，就是今天宇宙學中最令人頭痛的，由許多極限組成的"奇點"，這許多的極限構成的物質就是意識、精神，**意識是物質的極限**。爲什麼?在第五階段作詳細說明。)

總之，從絕對的"無"之中，最先誕生的空間存在粒子和時間消亡粒子對立統一體，是真實的客觀物質(即 SEP>0,TDP>0。)；它是物質的極小值(即 $v=v_{min}$)；也是物質運動速度的極大值(即 $v=v_{max}$)；它的能量是物質能量的極小值(即 $E=E_{min}$)。(根據現代物理學超光速粒子的理論：運動速度超過光速的粒子，其速度越快，則能量越低，空間存在粒子和時間消亡粒子對立統一體其運動速度不但超過光速，且是物質運動速度的極大值，因此它必是物質能量的極小值。)

第三階段　時空到光速 ($v_{SEP 和 TDP 對立統一體}>v\geq C$)

在最先誕生的空間存在粒子和時間消亡粒子對立統一體中，空間存在粒子爲了免於爲時間消亡粒子消滅，就必須儘快擴展自身規模，而時間消亡粒子爲了與空間存在粒子達到平衡，也就必須儘快擴展自身的規模。就這樣空間存在粒子和時間消亡粒子分別以不同的發展速率，發展出規模更大的空間存在物質和時間消亡物質，兩者以不同的比例，不重復地組合産生出一對一對體積更大、運動速度更慢的全部超過光速運動的粒子，直至光子。在這發展過程中，由於空間存在粒子大於時間消亡粒子，因此空間存在物質發展速度大於時間消亡物質發展速度，兩者越發展，兩者差距就越大，即兩者不平衡程度越來越大。時間消亡物質在不斷增大的新的空間存在物質和時間消亡物質對立統一體中所占的百分比值越來越小。

宇宙發展在這個階段，隨著體積的不斷增大，其運動速度被不斷減慢(即 v→慢，但 $v_{SEP 和 TDP 對立統一體}>v\geq C$，C：光速。)；其能量被不斷增大(即 E→大)；但原來在空間存在粒子和時間消亡粒子對立統一體中的最高意識能力卻由於物質性的不斷增大而被逐漸的減弱。超過光速運動的粒子，是構成精神世界及靈界的基本粒子。**<u>光是精神世界與物質世界的分界線。</u>**

第四階段　極近於光速 (v<C,但 v≈ C)

宇宙仍在繼續擴展，其中空間存在物質擴展速度仍大於時間消亡物質擴展速度，兩者仍以不同的發展速度及不同的比例不重復地發展出新的體積更大、運動速度更慢(低於但極接近於光速)的全部正、負基本粒子。宇宙物質間所有的力(包括：引力、電磁力、強相互作用力、弱相互作用力等。)全部形成。時間消亡物質在這個發展過程中，隨著空間存在物質和時間消亡物質對立統一體體積的不斷增大，而在其中的百分比值越來越小。

宇宙發展在這個階段產生的全部基本粒子，其運動速度低於但極接近於光速(即 v<C,但 v≈C。)；其能量為物質能量的極大值(E=E$_{max}$)；但其在空間存在粒子和時間消亡粒子對立統一體中的最高意識能力，卻由於物質體積的不斷增大，而被徹底湮滅，深藏於基本粒子的最深層處。

第五階段　極低於光速 (v<<C)

1 宇宙的形成　宇宙完成了創造出全部低於但極接近於光速運動的基本粒子之後，就由這些基本粒子組合成全部豐富的物質，由這全部豐富的物質總和就構成了宇宙。

2 物種進化的本質　從絕對的"無"之中，最先誕生的、最微小的物質是具有意識與徹底滿足意識能力的絕對自由的物質，隨著宇宙的不斷擴展，這種意識、精神的絕對自由性被逐步減弱。因此，<u>宇宙形成的過程是物種從絕對自由向徹底不自由異化的過程；而宇宙形成後，自然界物種從無機物向有機物，從低級生命物向高級生命物不斷進化的物種進化道路，實質上就是自然界物種從徹底不自由，克服異化向徹底自由不斷進化的道路，這才是物種進化的真正本質。</u>（達爾文自然選擇的進化理論，是物種進化的方式，而不是物種進化的本質。）

3 人類意識的層次　自然界物種進化到人類，人類具有意識，意識與宇宙剛誕生的空間存在粒子和時間消亡粒子對立統一體一樣，是絕對自由的，即人類意識具有按需想像一切、滿足一切的最高貴秉賦。它是由邏輯思維與形象思維、潛意識思維、超潛意識思維(即空間存在粒子和時間消亡粒子對立統一體)這三個層次構成的。

4 宗教的目的　東方的宗教，無論是印度的佛教、中國的道教、還是西藏的喇嘛教，都必定要進行修練。佛教的創始人釋迦牟尼，放棄王位繼承權，苦心修練，宗教士們曆盡艱辛、滅盡人欲，究竟要修到什麼？所謂修練，就是使意識徹底脫離現實宏觀世界，使意識中的所有思想徹底靜止，從而進入意識物質的微觀層次，隨著意識入靜深度的不斷增加，進入微觀世界的層次也越來越深，當意識達到最深度至靜，所有思想及感覺全部消失，進入意識物質最深層微觀層次的時候，意識在相似意義上進入到宇宙為"無"的狀態，這時從一片寂靜，絕對的"無"之中，便會瞬間產生出"有"(特異功能)。這"有"就是宇宙從絕對的"無"之中最先誕生的空間存在粒子和時間消亡粒子對立統一體，它一旦被開發出來，就會產生出全部特異功能，這就是修練出了正果，也就是東方宗教士苦行修練的最終目的。

5 特異功能　人類特異功能包括：(1) 意識可創造物質，印度的沙契‧賽‧巴巴先生，可憑意識從毫無一物的空間中創造出如鑽石、神像等數以萬計的真實物質；(2) 意識可改變物質性質，今天中國有位孫儲琳女士能用意識將水變成油或酒精；(3) 意識可決定物質的體積，即意識決定物質全部力的關係，今天中國有位元張加陵先生能用意識縮小自己身體，從棍間隔 0.12 米的鐵籠中鑽出；(4) 用意識透視、遙視、心靈感應、搬動物質；(5) 人體飛升等等。佛教將人類特異功能總歸為"五神六通"。

6 意識的本質　從絕對的"無"之中，最先誕生了空間存在粒子和時間消亡粒子對立統一體，隨後從它又產生了全部基本粒子、物質及宇宙。在這過程中，空間存在粒子和時間消亡粒子對立統一體存在於由它產生的每一個粒子、每一個物質之中，換句話說，宇宙中每一個粒子、每一個物質都包含了其全部形成過程及這過程所必需的全部基本粒子。但空間存在粒子和時間消亡粒子對立統一體的意識、精神特性被深深地埋藏在所有物質的最深層處。因此古埃及人說"萬物有靈"，德國哲學家叔本華說"自然是有意志的"。但人類的意識卻能通過某種方式(有些人是先天的、有些人通過宗教修練的方式、西方則採用催眠的方式。)，將深藏在意識物質最深層的空間存在粒子和時間消亡粒子對立統一體及其能力再現出來，人類能在意識中再現宇宙物質的一切本質及進化過程。佛教的符號卐與今天物理學發現的微觀粒子旋渦形旋轉圖像卍，極其相似，這決不是偶然的，修練士確實能在極度入靜的狀態中，離開現實宏觀世界，進入其意識物質不同的微觀層次，其意識微觀層次的物質能自由往來於宇宙各層次之中，包括靈界。日本的三田光用意識使重疊的十二張照相幹板中的第六張映現出月球背面圖像，與後來美國阿波羅太空船拍攝的月球表面照片，幾乎一樣。這就是<u>人類意識能夠體現宇宙及物質的全部過程與本質，並且具有宇宙物質的一切本質能力(但比較微弱)。意識的本質就是宇宙的本質。</u>由於自然界的發展，意識最深層的最高級能力被深埋在潛意識之中，今天一般人理解世界採用的邏輯思維與形象思維是意識迷失了具有自然理解宇宙一切本質的能力所顯露的極其微弱、渺小、表面的能力。(科學證明一般人終身大腦使用率僅 10%左右)。

7 意識創造宇宙 人類意識最深層的空間存在粒子和時間消亡粒子對立統一體，一旦被徹底開啓，意識便可創造出物質，並可決定與改變物質的性質、體積的大小，因此意識創造物質，並用意識力決定物質的全部力的關係(包括：引力、斥力、電磁力、強相互作用力、弱相互作用力等。)；同樣從絕對的"無"之中，最先誕生的宇宙意識體——空間存在粒子和時間消亡粒子對立統一體，創造出全部基本粒子、物質及宇宙，其意識力則決定宇宙中全部粒子、物質、星球間的一切力的關係。也就是說<u>意識是宇宙最基本的物質粒子，意識力是宇宙最基本的力，其他所有的力都統一並屈服於意識力。</u>至此可以說，<u>是具有意識、精神的最高級物質，創造並決定今天的宇宙。</u>宇宙是有智慧的，我們生活在宇宙的智慧之中。<u>(宇宙中所有不同的物質都是同一物質處於不同的狀態，意識是物質處於最高級的狀態，其他物質或無機物是物質處於低級的狀態，它們之間在一定條件下可互相轉化。)</u>

在由全部基本粒子組成物質、形成宇宙的過程中，空間存在物質發展速度仍大於時間消亡物質發展速度，且時間消亡物質在空間存在物質和時間消亡物質對立統一體中所占的百分比值仍在不斷地減小。這個階段的宇宙其運動速度隨其體積越來越龐大而變得越來越慢(即 v→慢，且 v<<C。)，故其能量越來越小(即 E→小)。

第六階段　宇宙的靜止 (v=0)

宇宙仍在繼續擴展，其中空間存在物質也仍在擴展，而時間消亡物質雖然也在擴展，但其在空間存在物質和時間消亡物質對立統一體中所占的百分比值卻不斷地被變得越來越小。但時間消亡物質在空間存在物質和時間消亡物質對立統一體中所占的百分比值卻永遠不會為"0"，因為空間存在物質與時間消亡物質兩者必須相依共存、缺一不可，所以時間消亡物質在空間存在物質和時間消亡物質對立統一體中所占的百分比值有個極小值，當空間存在物質發展到時間消亡物質達到這個所占百分比值極小值的時候，空間存在物質便不能再發展了，空間存在物質的發展此時達到了它的極大值。此刻空間存在物質的發展靜止了。此時也就是時間消亡物質的發展達到所占百分比值極小值不能再小的那一刻，因此此刻的時間消亡物質發展也靜止了。整個由空間存在物質和時間消亡物質對立統一體，構成的宇宙也就靜止了。

第七階段　極低於光速 (v<<C)

空間存在物質的發展已達到了極大值，而時間消亡物質則僅是達到了極小值，時間消亡物質有著廣闊的發展餘地。在空間存在物質達到極大值，時間消亡物質達到極小值的時候，宇宙靜止了片刻後，時間消亡物質便繼續迅速地擴展自身的規模,空間存在物質則不斷地縮小自己的規模，宇宙又開始運動，這個運動過程，實質上是空間存在物質逐步消亡的過程，也就是宇宙逐步消亡的過程。這時的運動由於剛剛衝破宇宙的靜止狀態，因此極其微弱(即 $v \approx 0$)，其能量也因之極其微弱(即 $E \approx 0$)。

第八階段　極近於光速 (v<C,但 v≈C)

宇宙中的時間消亡物質仍在不斷發展，空間存在物質則仍在不斷縮小，宇宙的體積也被不斷減小，其運動速度也就越快，這樣一直發展到宇宙的運動速度極接近於光速($v<C$,但$v \approx C$。)，宇宙的能量因之達到了它的極大值($E=Emax$)。

第九階段　光速到時空 (C≤v<v_SEP 和 TDP 對立統一體)

時間消亡物質仍在不斷地使空間存在物質消亡，宇宙的體積仍在被不斷縮小，當宇宙發展到其運動速度超過光速，直至空間存在粒子和時間消亡粒子對立統一體的這一階段時($C \leq v < v_{SEP}$ 和 TDP 對立統一體)，隨著宇宙運動速度的越來越快，其能量也就越來越小($E \rightarrow$小)

第十階段　時空統一體 (v=Vmax)

宇宙的體積仍在不斷縮小，一直縮小到構成宇宙物質的最基本單位，空間存在粒子和時間消亡粒子對立統一體。由於這個空間存在粒子和時間消亡粒子對立統一體是宇宙中最小的物質，因此它的運動速度是宇宙物質運動的極限速度(即 $v=v_{max}$)，它的能量也是宇宙能量的極小值，幾乎為 0(即 $E=E_{min}$)。

第十一階段　重新歸於"無" (v=0)

由於時間消亡物質與空間存在物質最後必須達到平衡(**在宇宙從無產生、發展、消亡的全部過程中，空間存在物質總量與時**

間消亡物質總量必須相等，即 $\Sigma |SES| = \Sigma |TDS|$，新宇宙第八原理。)**，因此時間消亡粒子經過最後的努力終於與在空間存在粒子和時間消亡粒子對立統一體中體積略大的空間存在粒子達到了一致，消滅了最後一顆空間存在粒子，宇宙又回歸到了絕對無一絲一毫物質的絕對的"無"之中去了($SES=TDS=0$)，這時的宇宙又不存在了任何運動(即 $v=0$)，也不存在了任何能量(即 $E=0$)。

從絕對的"無"之中，又最先誕生了空間存在粒子和時間消亡粒子對立統一體，從它逐漸演化產生出了全部基本粒子、全部物質及宇宙，宇宙大自然就是這樣周而復始地不斷產生、發展、消亡，無窮無盡地循環著。

這裏還有最後一個問題，就是從絕對的"無"之中，爲什麼產生空間存在粒子和時間消亡粒子對立統一體？也就是今天的宇宙爲什麼要存在？前面講過空間存在粒子和時間消亡粒子對立統一體是意識物質，意識具有欲望，好動、好豐富性、需要想像滿足，於是就產生了粒子、物質、宇宙及構成它們之間關係的力。但宇宙意識也需要休息，於是在宇宙物質發展到極限，即極度滿足之後，宇宙就逐步趨於消亡，最終徹底地靜止。宇宙意識休息以後，意識好動、好豐富性的欲望本性又顯現出來，它便又開始了重復創造粒子、物質、宇宙的過程。對於宇宙的意識來說，宇宙從無產生、發展、消亡的全部漫長歷史過程，僅是一段很短的時間。

至此本文最自然、最深刻、最徹底地闡清了宇宙的空間、時間、體積、運動、形成、發展、消亡、意識、物種進化及今天宇宙和我爲何存在，這些關於宇宙的全部最最根本、深刻的問題。因此本文的標題爲"真理的極限"。

一九九九年七月一日

二十一世紀大眾哲學

一、人的自然環境

宇宙的母親　世界上存在著的任何事物都是從其他事物中發展變化而來的。我們的宇宙也不例外，它決不可能是莫名其妙地生而有之的，宇宙作爲物質必定是從徹底沒有一絲一毫物質的環境中，通過必不可少的環節逐漸發展而來的。物質的宇宙是從徹底無物質的環境中產生的，從徹底無物質環境這位母親的懷抱中孕育出了物質、宇宙和大自然。

時空統一體　從絕對無一絲一毫物質的絕對的“無”之中，最先誕生的必定是自然史中最最微不足道、最最微弱、最最不易察覺的一絲蠕動，這種竟管是奄奄一息的蠕動，但它畢竟宣告了自然史上一個最偉大的存在萌芽破天荒地誕生了。這最先誕生的存在萌芽，在其誕生的同時，與生俱來必定同時受到了一種是使它向更大規模發展的因素和另一種是使它返回到絕對的“無”之中去的因素的作用。這兩種因素都是真實的物質存在，也就是說，從絕對的“無”之中，最先誕生的存在萌芽是由兩種物質構成的，一種是肯定它自身存在並促使它發展的物質，這就是空間(空間存在物質)，另一種是否定它自身存在並促使它消亡的物質，這就是時間(時間消亡物質)。因此從絕對的“無”之中，最先產生的存在萌芽，是由一顆空間存在粒子和一顆時間消亡粒子相互依存、相互對立、共存於一體的“空間存在粒子時間消亡粒子對立統一體"，它是自然界物質最最微小的基本粒子，是自然界物質的極小值，是統一宇宙的唯一基本粒子。

自然的意志　從絕對的"無"之中產生的空間存在粒子時間消亡粒子對立統一體，是構成今後全部基本粒子、全部物質和宇宙的最最微小的基本粒子，是宇宙物質的極小值(但它是宇宙運動速度的極大值，因為物質越小，運動速度越快，物質的極小值，就是運動速度的極大值。)；它包含並決定了全部物質所有的根本特性；是自然界中最高級的物質；在空間存在粒子時間消亡粒子對立統一體中，時間消亡物質與空間存在物質規模幾乎相等，時間消亡物質在其中的比例達到極大值，因此它自身的變化也達到極大值，變化即精神，因此這個時候的宇宙——空間存在粒子時間消亡粒子對立統一體，具有著自然中最高的精神，它能徹底按自身發展的需要，以物質的極限速度隨心所欲運動變化自身，以實現向更大物質或是消亡方向發展的目的。

這個階段的自然是最高級的自然，它能按自身的意志實現一切目的，那時的自然是徹底符合哲學上自由含義的自然，自然的本性是自由。

體積與運動　由於空間存在粒子時間消亡粒子對立統一體要向更大物質方向發展，因此空間存在粒子必定略大於時間消亡粒子，這兩者間的差額，就是該空間存在粒子時間消亡粒子對立統一體的體積(這也是今後物質及宇宙體積的計算方法)。由於在空間存在粒子時間消亡粒子對立統一體中，空間存在粒子與時間消亡粒子力量不平衡，不平衡就得鬥爭，以求平衡，這種鬥爭就導致了空間存在粒子時間消亡粒子對立統一體及宇宙的運動，這就是千古之謎宇宙為何運動的根本原因。

對立統一律　空間存在粒子與時間消亡粒子這次最偉大的兩極分立，導致了構成物質的基本粒子的正反兩極對立性(如正反電子、質子、中子。)，並決定了由這些正反對立的基本粒子所組成的物質和世界的正反兩極性(正反物質和世界)。它是我們世界事物具有對立兩極性，符合對立統一律的根本原因。

宇宙的形成　從絕對無一絲一毫物質存在的絕對的"無"之中，產生的空間存在粒子時間消亡粒子對立統一體，為了向更大的物質發展，就必須擴大空間存在粒子，使之成為空間存在物質；時間消亡粒子為了要與之達到平衡，也就必須擴大時間消亡粒子，使之成為時間消亡物質。這樣自然界從微小物質向更大物質發展的過程中，空間存在物質與時間消亡物質以不同的比例組合成新的規模更大的時空統一體，即物質和宇宙。但這時的自然界是在向巨大物質及宇宙的方向發展，因此空間存在物質比時間消亡物質發展速度快。可是隨著時空統一體(宇宙)的不斷擴大，其運動速度卻不斷的被減慢，直至形成運動速度極慢，體積極其龐大的宇宙大自然。(一直發展到宇宙運動速度為"0"，體積無法繼續膨脹，達到極大值的時候，方才停止發展。)

在宇宙中其實只存在兩種自然物質，一種是使宇宙及其中全部事物得於存在且發展的空間存在物質，一種是否定並使宇宙及其中全部事物消亡的時間消亡物質。宇宙及其中全部不同的物質，只不過是空間存在物質和時間消亡物質以全套不同數量比例組合在一起的結果。整個宇宙從無產生、發展、直至消亡的全部過程，就是空間存在物質和時間消亡物質兩者力量平衡與不平衡鬥爭的過程：當空間存在物質與時間消亡物質相等時，宇宙為絕對無物質的絕對的"無"；當空間存在物質發展速度大於時間消亡物質發展速度時，宇宙向巨大的物質宇宙方向發展；當空間存在物質發展速度小於時間消亡物質發展速度時，巨大的宇宙逐步走向消亡；當時間消亡物質與空間存在物質再次相等時，宇宙又回歸到絕對無物質的絕對的"無"之中去了。

自然的異化　在空間存在粒子時間消亡粒子對立統一體階段，自然是能隨心所欲按需要變化一切的，是自由的。但隨著其規模的擴大，產生了目前我們所看到的宇宙，自然失去了它隨心所欲的秉賦，失去了按意志所需實現一切目的的自然最高貴的天性，成了異化的自然。

進化的目的　在由於運動速度放慢而形成的茫茫宇宙大自然中，從低級的無機物發展到稍微高級的有機物，進而進化到低級生命物和高級生命物的這樣一條物種進化的道路，實質上是一條物種從無意志和實現意志能力向具有徹底意志和意志力(實現意志目的的能力)方向發展的艱難道路。最低級的無機物只是隨外界條件的變化而發生被動的變化，最不具有按意志欲望改變自身和外界實現意志的意志力；一直進化到生命物，物種才在一定程度上具有了按意志需要改變自身的存在方式和外界的意志力(例如動物能按意志調節揮動四肢奔跑追捕吞噬食物)；直到物種進化到人，人作為動物而言，其生理能力還遠遠不能達到徹底實現人的意志的程度，但作為智能物，在人的思維中卻能夠實現隨意志的需要變化一切形象，以建立一個最心滿意足、符合意志目的的形象，在人的思維中已具有了能徹底滿足意志的意志力。思維所具有的這種特性，從本質上說就是最高級的物種(即空間存在粒子時間消亡粒子對立統一體，下同。)所具有的特點，這就是物種進化的最高目的。但令人感到十分遺憾的是，思維的這種偉大特性，僅僅存在於思維中，還沒有具體化、外在化與力量化。這是思維這種物質的缺陷，也是人的缺陷，因此自然就把克服目前最高級物種缺陷的神聖的任務交給了我們人類。

進化的本質 我前面說過，我們目前的宇宙大自然是失去了自然自由本性異化了的宇宙大自然。因此，物種從無機物向有機物，從低級生命物發展到高級生命物的這樣一條不斷向物種具有徹底意志和實現意志能力(意志力)方向發展的物種進化道路決不是偶然的，而是自然界自身克服異化，再次實現自然界隨心所欲實現一切意志的自由本性的過程，這就是物種進化的本質。(達爾文自然選擇的進化理論，只是物種進化的方式，而不是物種進化的本質。)

人的使命 我前面說過，在人的思維中具有著按意志目的實現一切形象的意志力，思維這種特性的出現，就本質上來說，已具備了最高級物種所具有的條件，最高級的物種即是具有能徹底實現意志一切目的能力的意志物。但遺憾的是，在人的身上所體現出來的這種最優秀特性，僅是體現在人的意志上，並沒有外在化、現實化，也就是說，人這種物種具有著最完美的意志，但至今缺乏具有完美的實現各種意志目的能力的意志力。自然便把克服思維的這種缺陷，也就是人的缺陷，以創造出具有徹底實現一切意志的意志力的物種——空間存在粒子時間消亡粒子對立統一體——的任務交給了人類自身，這便是人類義不容辭的最神聖的使命。當然人的產生是自然實現這個目的的一個中間必不可少的環節，自然要實現它克服異化，回歸它徹底自由的高貴本性，就必然要產生人。但人的產生，人的思維創造力，人的主觀能動性發揮的程度，可決定自然發展進程的速度，因此我們的人類為了能更好地完成自然所賦予的神聖使命，加速物種進化的速度，更好地發揮能動創造作用，就必須有一個符合這種目的的科學的人類制度所形成的社會環境。

二、人與自然對立

人的目的　自然的大爆炸產生了宇宙，而宇宙大自然的進化又產生了生命物，生物有欲望，也就是性，一直發展到人，人具有最豐富的欲望，也就是性發展到了具有最豐富的含義。人有三方面最基本的欲望，第一是維持生存的欲望，譬如飲食之類；第二是滿足性生活需要的欲望；第三是人具有滿足精神思想，也就是創造的欲望。<u>人生的目的就是生活在大自然中，盡自己的力量為使自己生活得更美好而不斷創造(包括腦力和體力的勞動創造)來滿足自身的各種豐富的欲望。</u>

人的價值　作為人來說，每個人都具有同樣本質的生理器官，都具有上述的三種基本欲望，但是每個人由於先天素質或後天努力的不同，在同樣生理器官上質量可能有所差異。因此，<u>人的質量，人的價值就是看這個人能創造出供人滿足的精神和物質財富的多少。</u>

道德層次　道德是一個人生活在社會中的至少是無損於社會公眾利益的，或是有益於社會利益的行為規範。你的行為對社會存在發展越有利，就被人們認為越有道德、越高尚。由此，我們把人們生活在社會上的道德行為可分為三個層次：第一層次，即最低層次，是一個人的特定行為既不有益於社會，也無損於社會，這是一個人生活在社會上必須做到的最基本道德；第二層次，一個人的行為為社會的局部人們帶來了益處和幸福。例如，一個人多做些好人好事，或者不計報酬地努力工作，多爲社會創造些物質性財富。這樣的行爲所帶來的收益只是幾個人或一些人能夠得到這種高尙行爲的恩施，而不可能使全人類享樂到你的行爲的直接收益，因此這種行爲也不是道德的最高層次；第三層次，也就是最高層次，那就是一個人爲人類創造出對自然和社會現象新的有益的發現和總結的這樣一種精神財富，這種精神財富(例如牛頓的經典力學和愛因斯坦的相對論)的發現創造，不只是有益於一個或一群人，而是全人類，全人類都會由於他的行爲而享受到巨大無比的快樂。因此，**最高的道德應該是創造，不斷地爲人類生活創造出新的精神工具。**

社會目的 我們個體的人由於生理能力不能滿足豐富的欲望，爲了解決這種欲望和能力的不平衡，就結成了社會集團。社會集團分工協作進行生產勞動，能帶來相對於個人生產無可比及的驚人的巨大效益。因此，**人類結成社會集團的目的，只是爲了更好地滿足自身的豐富欲望的需要，而不是什麼任何別的目的。**

人類史本質 既然人類結成社會的目的是爲了更好地滿足人豐富的需要，因此人類社會發展的一部歷史，也就必然是一部人不斷在更高程度上滿足自身欲望的歷史。人類自然科學發展史與社會科學發展史，以及人類自身的社會實踐的歷史所給我們提供的無比豐富的材料，強有力的證明了**"人類發展的歷史，就是人的欲望不斷得到滿足的歷史。"**。

法的本質 社會的存在目的是爲了能夠更好地滿足人的豐富的欲望。人的一切欲望，或者說只要人所能夠想像出來的一切，從長遠的將來來看，都是合理的。但這樣的宏偉目標，只是人類遙遠將來的藍圖，並不是一下就能達到的。在沒有達到這樣的程度之前，任何一個特定的歷史時期，爲了能夠保證多數人的利益，就必須對超越當時社會發展水平所能提供的讓每個人得於享受滿足的程度，需要滿足更高程度欲望的少數人的行爲加以限制，這就產生了法律。因此，**法律儘管從表面上來看是對於人們欲望的限制，但其真正的目的卻是爲了保障更多人的利益的滿足。**

文明的含義　我已經說過，人類的歷史就是一部人不斷滿足自身欲望的歷史。而在這個歷史過程中，當人類通過各種手段能實現人各種欲望的程度越高，那末這個社會也就越文明。因此，**一個社會文明的程度，就是這個社會通過自身的能力，能滿足人各方面需要的程度。**

民族的先天素質　不同的民族所屬的不同的人種在創造能力上是有所差異的。我說的民族的先天素質是指，只要一個民族存在，別的因素可變，如政治、歷史、文化，但這些因素是相對不變的極其穩定的因素。這些因素包括：

1 生理素質　世界上任何一個事物"種"中的各"屬"類都有優劣之別的。我們的人類亦同樣如此，不同的人種在生理素質上是有所差異的。生理素質好的民族中，生理素質好的人就多，生理素質好，思維功能就強壯。假如是一個天才的話，就會由於生理素質的強壯而能較長時間抵擋住由於思考複雜問題劇烈用腦所帶來的思維衰退，從而就能較長時間地保持瘋狂的才華，創造出更多的一流的精神奇跡；而生理素質差的人就較難維持思維創造力的興奮期，才華衰竭較快。並且生理素質好的人各方面欲望特別旺盛強壯，這本身就是一種創造動機，而且向社會大膽表露自己有什麼需要得於滿足的態度也就更堅決。

2 人體形象　具有優秀人體形象的人種，或者優秀形象概率較高的民族，由於人們時時感到人是可愛的，人是可貴的，因此他們的制度也就更多地符合人的特點，是在更大的程度上尊重人、比較民主、比較自由的制度；相反，在一些人體形象醜陋概率較高的民族中，由於在人們的心目中，不能時時具體地感到人是可愛的、是值得尊重的，他們的制度也就在更大的程度上不注意尊重人，按照人的特點制定制度的程度也相對就小，也就比較殘酷。這即是在當今的世界各民族也明顯可見，**越是人體形象優秀的民族，其制度也就越民主、自由；越是人體形象醜陋的民族其制度也就越殘暴、專制。**

3 語言質量 如果說人種的先天素質，那只是生理和形象兩個要素。但我現在談的是 "民族的先天素質"，在一個民族中，語言儘管不是先天帶來的，但語言在一個民族中一經產生，就相當穩定地一直伴隨著這個民族的發展，因此對於一個民族來說，語言也是一個極其穩定不變的先天因素。

從總體上來說，語言的產生有助於思維的發展。但是**優秀的語言質量，對造就傑出的思維能力起著舉足輕重的積極作用；低劣的語言質量，對於傑出思維能力的造就有著不可低估的消極作用。中國古代漢語，單字詞多(按需加字，便可準確表達事物。)，單字詞之間加字複合可變化性極大，其句子也極具變化性**，如 "可以清人口也"，可變為 "清人口也可以"、"人口也可以清"、"以清人口也可"，**並且古漢語句子極其精練、長短整齊、富於節奏，押韻、對偶、對仗等等技巧都決定了使用者選字想像力豐富、聯想能力強、思維靈活、機敏、速度快、變化性大、節奏性強、表達能力強；現代漢語，多字詞組多(詞太精確、必與表達事物不相吻合，故我們常有言不達意之感。)，且多字詞組**

之間可<u>變化性小、句子冗長、繁瑣，決定了使用者思維選字想像</u><u>力與聯想力差、思維不靈活、反應慢、且表達能力差</u>；西方語言是一種按自然狀態表述的語言，如英語的"擁抱"是說："My arms around your body"(我的兩隻手臂環繞著你的身體)，這種語言完全是對自然本身形象的描述，和自然是完全一致同步的。這種語言有助於思維和自然同一化，有助於你真實想像自然，<u>二個天才就是最能把自己的思維深入到自然對象，完整感覺到自然整體，最能合理真實想像出自然，使自身思維和自然保持最密切一致性的人。</u>這樣的語言有助於培養出具有傑出思維能力的人。因此，<u>從語言對思維的作用而言，古代漢語是一種極高級的語言；西方語言低於古代漢語，但高於現代漢語。現代漢語對人想像力與創造性思維有著不可估量的不良影響。</u>

上述這些民族的先天素質從最深刻處，象幽靈一樣左右著一個民族的創造力與前進的步伐。

偉大民族的兩大支柱　當然，對於一個民族征服自然滿足自身的能力起根本決定性作用的，還是一個民族的社會制度。我說的"民族的先天素質"對於一個民族的發展固然有一定影響，因爲這些因素直接影響一個民族的創造力，但是<u>"民族先天素質"的差異，完全可以通過一個民族自身的後天努力，創造出一個優秀的合乎人類社會發展規律的社會環境，不斷刺激發揮人們的創造力，來彌補一個民族的先天不足的。</u>

要成爲一個偉大優秀的民族必須①最大程度發揮國民的創造精神與物質財富的創造能力；②它的<u>一切制度必須合乎自然規律，是自然法。只有合乎自然規律的制度才是合理的，</u>譬如說，封建專制主義和君主終身制是不符合加速人類社會發展的自然規律的,因此必須拋棄它。**一個真正的偉大的國家,它的憲法必須是一部自然法,是徹底按照自然的原則來決定國家的性質和一切根本制度的。**其他各專業法律,也都必須按各自具體的自然規律來制定具體法律制度條文。一個偉大民族的這兩個根本特點是完全符合唯物辯證法的。一方面,一個偉大民族必須發揮人的主觀能動性,國民的創造力;另一方面,這種主觀能動性的高度發揮又不是盲目的,而是受到客觀自然規律的制約的,因此必須尊重客觀自然,制定出符合客觀自然規律的《自然法典》來幫助人們更好地發揮主觀能動創造性。這兩者的最優化辯證結合,民族發展的速度才能達到最迅猛的極限。只有這樣我們的人類才能最迅速地完成自然賦予我們的改造大自然,創造出新的最高級物種的神聖的歷史使命。

人類與自然　不錯,我們人類是自然發展的產物,但我們人類在對自然的改造過程中處於能動地位,自然參數相對於人是極其穩定的,對自然改造步伐的大小關鍵就在於我們人這個參數上。因此,社會必須高度重視發揮人的作用。一個完全發揮了全民族創造力,不斷創造出精神奇跡的民族,才是一個偉大的民族。

民族的政治素質　在人類歷史的發展過程中,落後的國家,一躍成之為發達先進的國家,這樣的例子是不勝枚舉的。但這樣的奇跡也決不是偶然的,兩個民族的發展速度就象物理學中物體運動的速度一樣,要看它們的加速度"a"。一個民族儘管落後,但只要它的加速度"a"的數值大於另一個先進發達的民族,它就可以有資格說,我按這個速度發展一定會趕上你;相反,如果一個民族發展加速度數值本身就比別的民族低,那末按照事物運動規律,你一定非但不會超過它,並且還將被甩得越來越遠。決定一個民族質量，這個民族的質量就是民族發展的加速度 "a"，它取決於政治制度，統治者質量和國民素質三個因素。

1 政治制度 主要看這個民族的一切制度是否按自然規律來制定，是否遵守著自然的法則，是否符合人類社會的發展規律，是否有助於發揮全民族全部的創造力。這主要體現在這個民族制度對人的目的、人的價值、人類歷史發展本質、人類道德目的這些調動人的因素的根本問題上所持的態度是否科學合理。因為不同的政治制度，是不同人生觀的體現，合理的政治制度，只有基於對人的科學合理的理解上。

2 偉大領袖 一個國家要產生偉大合理的政治制度，有的時候，那怕只是幾條也決非易事，在相當大程度上，它取決於一個國家的統治者。一個統治者要成為偉大的統治者必須具備下述三個秉賦。

(1) 偉大的天才 偉大的統治者必須是天才，甚至是超人。這種天才首先能把自己的一系列個性行為在與社會的接觸中，上升為規律化、人類化，他是一個能代表人類和某一時代的"一般規律"的典型的人。因此，他能僅從自身的需要中推出人類的需要和時代的需要，按自身的需要推斷出一套合乎人類和目前時代需要的合理制度，使自身成為一個顯示出一切規律的典型的人。也就是這樣的天才，必須具有僅憑自身的頭腦就能合理解釋人類與自然的一切綜合的、總體的、又是最深刻的關係。總體的關係表面看來似乎很簡單，但卻又是最深刻的(牛頓三大定律，因其總體解釋世界，看來很簡單，但卻深刻無比。)。對於人來說最為難得的思維方式就是總體把握事物的思維方式，一切偉大的思想也只僅是不斷在總體上修改以往陳舊的觀念而已，因此，人一旦有了這種從最總體把握事物的思維能力，就意味著已經有了偉大的開端。即使讓具有這種思維能力——僅憑自身的思維就能正確理解世界一切關係——的統治者去研究各專業學科，他馬上就能產生出新的更深刻的思想。因為，即使在具體專業學科中產生偉大的發現，也只是把已理解已把握住的自然簡單的哲學關係，套用到具體問題上而產生的新的思想而已。**對於一個真正偉大的超級天才(統治者)，社會科學(社會現實)的一切都是日常生活中直接接觸的，單憑他具有著最優秀思維方式的頭腦，就能得出一切偉大的結論。**

(2) **偉大的思想**　上述這種能力是一個統治者搞好工作不可缺少的前提保證。因為他具有的是一種能力，而這種能力可使思想或現實工作都達到科學的程度。你缺乏這種能力，在工作中必然老是產生錯誤的判斷，致使整個民族跟著遭殃。唯有這樣偉大的天才，才是一個靠直覺本能具有偉大深刻思想，並且又有實現這種正確思想進行實際工作能力的偉大領袖。一個創造能力低下，沒有深刻思想的整天靠頭痛醫頭，腳痛醫腳，沒有系統控制能力的政治家是平庸腐朽而無能的，甚至還會把民族帶入歧途；同樣，一個僅靠書本了解一些思想，或純粹是在某一學科方面有些造詣的"專家"，一躍成為政治家的人，到頭來只能想入非非，規劃一些理想宏圖，而一旦要把這種理想在具體現實中科學地實施出來，便又醜態百出、束手無策。這兩種政治家都智力低下，缺乏能力的產物。只有偉大的天才領袖，才能無論是在人類遙遠的理想，還是在現實工作中，不斷產生出偉大、正確、深刻的思想。這樣的政治家是天才的思想家與天才的實幹家的統一。

(3) **偉大的道德**　一個有著天才思維的政治家，也必然是能用他科學的頭腦產生一切偉大思想的思想家。一個人只要是自己創造出來的真正有價值的新思想，並且認為是正確的，就一定會毫不猶豫地去實現它。因此，這樣的政治家又是一個純粹精神型的人。他熱愛他的思想所揭示的真理，他為使他的精神思想現實化、會拋棄掉作為個人那些渺小的欲望。我不是說這樣的政治家沒有個人欲望，不!他們有，而且比一般人還更為豐富。但是，當個人欲望和他實現真理的精神欲望相抵觸的時候，他就必然拋棄前者而無私地去實現真理。因此，政治家的道德與智力是成正比的(當然，一般人亦如此。)。智力越是低下，越是不能產生偉大思想的政治家，就越是追求渺小的個人食欲、性欲和一些墮落象徵的精神欲望，如莫名其妙的個人崇拜和權力狂等，這樣的政治家必然是個道德墮落者；而只有一個具有傑出智慧的天才的政治家，才會在真理面前拋棄個人渺小的欲望。許多偉大的政治家生活都是很簡樸的，因為他們更需要滿足的不是物質，而是精神。只有把自己的精神和生命看得是等同的人，才是個真正的偉人。一個偉大的政治家必須具有為了實現真理，在真理的面前踐踏、蹂躪自己最心愛的一切事物，和為了真理和民族利益不惜獻出自己寶貴生命的最偉大崇高的道德。一個偉大政治家的道德就是愛真理、愛人類，因此他所發現的一套更切合現實的更合理的人類社會制度的真理，是不受空間的限制的，他有義務有道德，不擇任何手段把其他國家生活在那種落後、殘酷、腐朽的政治制度下的人們解放出來。

　　我說的偉大政治家必備的三個秉賦，不是對政治家的三個孤立的要求，而是一個整體。有傑出智慧的人必然有思想，而真正有思想的人必然是一個為實現思想不惜犧牲個人渺小欲望的有

<u>道德的人。人類與民族產生這樣偉大的政治家是幸運的。因此，作爲一個合理的國家制度必須保障這樣的人類的稀有之物順利地踏上他們應有的政治家的寶座，讓他們來改變歷史的進程和人類的命運吧!</u>

3 國民素質　　人的精神狀態可用數學符號表示($+$；0；$-$。)。一個精神沒有受到總體壓抑，也沒有得到很好發揮的人的精神狀態基本屬正常值(0)；而一個人的精神狀態不斷發揮充實著，他的精神是在向正值方向發展($+$)，一個天才就是把人的精神狀態向正值發揮到極限地步的人；而一個人的精神如是在總體上受到壓抑，那麼他的精神狀態就基本屬負值($-$)。一個民族也同樣如此，一個既不高度發揮國民精神(創造力)，也不高度壓抑國民的精神(創造力)的民族，國民精神狀態基本屬於正常狀態(0)；而如果一個民族制度是爲了全面發展人，激起了民族的創造性，那末這個民族的精神狀態就是在向正值($+$)發展，當然值越大越好；而一個民族的制度如是高度壓抑人的精神(創造力)，民族的精神狀態就呈負值($-$)。我們的民族由於傳統的歷史原因、文革時期的政治原因、生存的環境原因以及社會習慣原因，人們的創造欲望、創造精神受到了很大的壓抑，創造力受到了很大的破壞，精神狀態處於負值。這具體表現在我們國民的思維在與外界的接觸中，不是徹底按該事物本來的自然特點來做出相應的判斷，得出結論，而是按大腦中已存的政治觀念和傳統觀念等等一系列陳舊觀念來理解判斷眼前所遇到事物的特點，這樣得出的結論往往是錯誤的。這種思維方式是封閉式的，導致的結果就是保守、不善創新，一旦有了一個觀念模式極難突破。而一個真正天才的思維最難能可貴之處就是在於其能夠按具體的自然事物特點來作出真實的判定。

　　一個精神狀態處於負值的民族要想不通過改革政治制度使之更符合人的特點，而一下達到創造精神狀態發揮到極高的正值(+)是不可能的，它必須經過一個人的精神狀態正常值(0)，然後才能把創造力發揮到極高的正值(+)。一個民族如果它的精神狀態是處於正常值，而要一下進化到把創造精神發展到較高的地步是可能的，是自然的。但一個民族一旦精神狀態進入負值，要一下變為具有瘋狂創造力的民族，對這個民族的統治者要求就更高了。他必須是一個真正的天才，深深地理解人的特點，像一個精神醫生一樣，訂出一套套符合人的特點的制度的藥方，把民族那已進入異化的精神扭轉回來，使他們的精神狀態趨於正常，然後才能發揮他們瘋狂的創造力，一個才華平庸無能的政治家是絕對的根本不可能做到這一點的。因此，我們必須完善整個民族的人的精神，因為創造力是人類精神協調發揮的產物。

　　創造與政治、軍事、經濟、文化、教育、藝術及道德　唯有具有著瘋狂創造精神和創造力的民族，才能在政治、軍事、經濟、文化、教育、藝術等一切人類精神所涉及的領域作出巨大的貢獻，這是因為：

　　政治上　只有具有著瘋狂創造力的國民，才能根據自己民族目前所處的實際情況，制定出科學合理的政治制度。政治制度嚴格地說是一種思想，只有具有著真正傑出的創造力，才能使這種思想合理。

　　軍事上　軍事力量既有物質力量，也有精神力量。而一個天才的軍事家，往往就善於利用人的精神力量，運用精神力量來彌補物質力量的不足。軍事管理和經濟管理等其他一切管理一樣，依賴於政治管理。只有當一個國家有著合理的科學的政治管理思想，才有可能産生合理的軍事管理思想，而政治管理思想則依賴於國民創造力。一個軍隊只有充分調動每個士兵的智慧，才能在戰爭中出現奇跡，僵化了的軍事管理，只會導致缺乏創造力的士兵，缺乏創造力的軍隊是不能打勝仗的。

經濟上　經濟管理的科學性，只能提高經濟的生產效益。而我們縱觀人類的經濟發展，並不是停留在增加對原始產品生產的效益上，而是建築在不斷創造新產品以滿足人們更高需要的基礎上的，因此經濟與創造密不可分。一個民族要搞好經濟就要發揮國民的創造力，不斷創造出新的産品，合理新産品的出現，必然在市場上擁有著廣闊的銷路，在生產過程中成本即使高了一些，也可取得可觀的利潤，産品也能滿足民衆更高的需要。只有這樣，國民不斷創造出新産品，社會才能迅速富裕起來。而如果不強調國民的創造力，只片面強調經濟效益，一方面，市場需要總會達到飽和；另一方面，要取得利潤也只能從降低成本這種吹毛求疵的角度來考慮；再一方面，又不符合人類經濟發展不斷創造新産品滿足人們更高需要的目的；並且缺乏創造力的人們是不可能把經濟領域各種複雜關係理順、使之協調、平衡的，而經濟領域的各種關係一旦失去平衡，那麼經濟必然被搞得一團糟，導致總體上的經濟效益也是差的。因此不強調國民創造力，而只強調經濟效益，這樣搞經濟到頭來只是一條死胡同。

文化上　只有具有思維的物種才具有文化，文化是思維創造的結果，因此，一個民族要爲人類創造出優秀的文化，必須具備優秀的創造力。

教育上　教育的目的就是要培養能創造出偉大思想的人們。但要産生這樣傑出、非凡的人，首先要這個民族有熱愛思想、需要思想、提倡思想的社會需要；其次社會本身必須要有一個濃烈的創造氛圍。在這樣的民族環境中，國民自然具有強壯的創造力，一切偉大的思想自然而發，如果不創造這樣一個環境，而單抓教育工作，那一切工作都是徒勞的。因為教育只能灌輸知識，或從知識角度教會學生一些創造方法，但**天才不是教育出來的。只有社會的需要才能產生偉大的天才和偉大的思想，人類傑出的創造力也只能在社會的需要中才能真正造就。** 教育的一切創造方法，如果脫離了社會需要，只會成為紙上談兵的毫無用處的理論。相反，不懂創造理論的人卻能在社會需要的創造激流中，自覺磨煉出最科學的思維方式，這種最科學的思維方式，甚至超越目前科學所揭示的創造性思維理論。

藝術上　藝術來源於現實生活，而只有在一個富於創造精神的民族中，才會在他們的創造過程中充滿著可歌可泣的感人的生活事例，只有在這樣的民族中才充滿著探索真理和支援正義的人的真正的情感，只有在這樣的民族中才充滿著探索、冒險和激動人心的生活事件。這樣的生活造就出傑出的藝術天才，而偉大的藝術天才就是將這種合乎人本性的生活描寫成為人類歷史上不朽的藝術作品。相反一個缺乏創造精神，缺乏真正的人的情感，生活極其枯燥單調的民族，必然產生不出真正天才的偉大傑出的藝術作品。

道德上　一個擁有著瘋狂的創造力正在瘋狂創造著的民族，也必然就是一個有著提倡真理、相信真理、熱愛真理、支援正義、尊重創造的人類最高貴正確情感的民族，這樣的民族也必然就是有著人類最高尚道德的民族。

因此，**創造力是一個民族的靈魂，唯有一個不斷瘋狂創造著**

的民族，才是一個偉大的民族。

藝術→哲學→科學 一個民族要在各個領域中，創造出真正優秀的成果，不是一蹴而就的，它的精神的發展完善也有一個過程。對於一個人來說，<u>一切真正具有創造力的人，或者說一切真正偉大的天才，都是藝術型的人。</u>藝術的根本創造特點就是溶形象、邏輯與情感於一體，它是把人的所有精神素質都協調起來的產物，唯有通過藝術的創造方式，才能培養出把人的特點全部完整發揮出來的人。一個真正的偉人必須走過具有藝術型氣質的道路，因為藝術把你培養成為精神完善的人。只有當你成為了完善的人，具有了完善的思維與精神，才能以這種能力作為前提，進一步思考一切重大的哲學問題，因為思考哲學這樣重大艱難的問題是需要最完善思維與精神的，<u>任何一個人如果沒有走過具有最優秀的藝術思維的頭腦的道路，單靠學校的教學或讀書是不可能產生真正優秀的哲學結論的。一個人只有具有了藝術的創造精神所帶來的能思考最複雜問題的哲學的頭腦，並且因此而具有深刻的思想，才有可能在自然科學上作出象牛頓、愛因斯坦那樣對自然深刻認識的偉大結論。</u>我上面說的這段話，只要仔細看一看那一流的政治家、哲學家和自然科學家著作中的語言，就可看到他們的語言表達方式和藝術家語言表達方式的相通之處，語言是思維的體現，怎樣的語言方式決定怎樣的思維方式。

這條規律不但適用於個人精神的發展，並且適用於一個民族的精神發展。一個民族要產生精神巨人，首先就要象藝術的作用一樣，創造出一個良好的培育創造力的社會環境。一個真正具有創造力的人，從本性上必然是個藝術家。這時人們憑藉他們的智慧即能就是論是解釋社會發生的一切現象，但這種解釋還不深刻，不能上升到作爲哲學那樣系統的概念，還是處於用情感來評議社會的階段，但這時具有優秀創造力的人們卻都具有著藝術家的天性，必然用藝術的方法表現自己的思想。**一個剛剛踏上精神發展道路的民族，藝術是人們對社會比較膚淺的本能情感的認識，只有在這樣的條件下，一個社會按著這樣的社會人們創造趨勢發展下去，必然使民族的思想由表面走向深刻，必然有人用根本的哲學規律來解釋現實，這樣人類對自然的認識，在這一時期就由這些偉大的精神巨人概括了，只有時代的思想深刻到了具有不斷突破舊觀念提出新思想的程度，那些自然科學哲學家對於自然的認識自然也不甘落後，他們的思維也必然具有這樣的趨向，他們用新的哲學觀念重新審視自然，於是人們對於自然的認識也必然有了觀念上的巨大突破，人類理解自然的步伐又邁進了一大步。這就是民族精神發展的邏輯"藝術→哲學→科學"。**

科學→哲學→藝術　人類的發展就是這樣，在合乎人類發展規律的合理制度下，人們的創造力充分發揮，征服自然的速度飛速加快。**人類對自然界征服的道路卻是一條"科學→哲學→藝術"的道路。**

科學(技術)的本質是定量的絕對精確的，按照我們的人對自然有多少理解就做出多少結論，是實事求是的，絕對不摻入半點虛假想象的成份；而哲學則是人們緊緊基於科學已經證實的觀念上，盡可能地在不爲人們認爲荒誕的前提下，展開想像，得出規律；藝術的本質則是可任意按人的情感想像虛構創造一切，一切神話、童話即是最好的例子。

人類對自然的認識過程就是這樣，自然科學能對自然作精確的定量計算(直到本世紀自然科學所取得的成就，對自然物的測量計算已達到相當完美的程度。），但是對哲學所揭示的自然規律卻還無法用自然科學的方式精確表述，一直發展到自然科學的發展過程中出現了相對論，自然科學的時空觀念不再是精確的了，隨後產生的模糊數學和概率論等，意味著人們開始用自然科學的方法解釋世界的原因、結果等哲學問題了。當人們的一切社會科學結論都能真正用自然科學的模式來解釋，也就是自然科學和社會科學達到統一的時候，我們的人就能按自己的情感需要，用藝術的方式來隨意改變自然了。

　　人類與自然逐步同化的過程所走過的道路，就是一個"科學→哲學→藝術"的過程。

　　自然科學和社會科學的統一，意味著人和自然的再次統一。

三、人與自然統一

　　人種的進化　自從自然中具有了能徹底理解自然，征服自然的思維意識，物種的發展就再也不象達爾文所揭示的是聽憑自然任意宰割的軟弱可欺的奴隸了(物種進化的自然選擇論)，思維成了自然的統治者，高級的意識物控制了低級的無意識物，**人類將按意志有目的的選擇物種的進化道路(物種進化的意志選擇論)**。我們地球上的智能——人類，要造就出比人類更爲高級的，具有能憑藉自身力量來實現一切意志需要的具有徹底意志力的物種，就要使"自然和精神同一化"(統一世界)。也就是用自然的一切奇異力量來武裝思維意識，使思維不但具有思維的一切能力，並且具有實現一切思維意志的意志力。這樣低劣的物種(一般自然物)和高級的物種(思維意識)經過同化，就產生了能徹底按意志需要實現滿足意志目的的意志物。

社會的解體 意志物的產生意味著人完成了人的偉大使命，能徹底滿足自身一切需要的物種誕生了，人類社會隨著人種的進化也就解體了。人類結成社會的目的，就是由於個體的人，其生理能力遠遠不能滿足豐富的欲望，因此結成了人類社會。但是現在進化了的發展了的人，已達到了這個目的，社會也就沒有存在的必要了，社會到此就解體了。法律的目的前面已經說過，是由於人的豐富的欲望與特定社會時期能滿足人需要的社會能力的不平衡而必須設置的，現在既然作為發展了的人已達到了人的一切目的，因此隨著社會的解體，法律與道德也就隨之退出了人類歷史的舞臺。

系統論局限 系統論對於相對靜態的事物所作出的解釋是令人欽佩和滿意的。但到了一個充滿意志物以極快速度變化著的世界中，一個事物一瞬間即屬這個事物系統又屬那個事物系統，你說不准究竟是屬於什麼事物系統，因此不能用系統論來解釋。系統論在這樣的條件下顯示出了這種哲學的局限性，突破這種局限的哲學應該是隨心所欲具有徹底變化一切能力的意志論哲學。(系統論是相對靜態哲學，意志論是絕對動態哲學。)

以太是有與無的統一 我在前面說過，由於龐大的宇宙是空間存在粒子時間消亡粒子對立統一體的擴張，因此它在全部的空間中充滿著存在物，也就是以太。但由於 1905 年偉大的科學家愛因斯坦在狹義相對論中提出了光速不變原理，人們便認為，既然光穿過真空速度不變，那麼空間中是不存在以太這種物質的。這種理論所暴露出來的缺陷是，那樣就等於認為，空間是一片絕對的無，那空間又是什麼呢?這又違反了古往今來的許多哲學家和自然哲學家的思想。我認為絕對虛無的空間是不存在的，空間中必定存在以太，只是以太是一種高級的物質，它既是存在物，但在特定條件下，它就失去了物質的一般屬性，變成了無。因此以太是有與無的統一。

光是有與無世界的分界線 偉大的愛因斯坦提出光是物質運動的極限速度，現代科學實驗證明這是正確的。但現代科學證明了存在超過光速運動的基本粒子。我也堅信，光速是物質運動速度的極限，但一旦超越了物質存在條件的界限，例如非物性，它的運動速度是可以超過光速的。因爲物質運動速度越快，其空間體積就越小，並越失去物性，現假如超越了作爲物質存在的極限速度——光速，是不是就小得失去了物性呢？因此，光穿過非物性以太的時候運動速度不變。光是物性世界和非物性世界的分界線。(這裏所說的超過光速以後的非物性世界，可能就是宗教界所說的靈界，因爲根據大量死而復生者及宗教文獻的記載，靈界中的存在物，存在屬性與低於光速的物質世界物質存在屬性是截然不同的，靈界中的存在物運動速度極快，而其能量卻是極微弱的。這符合現代物理學證明的超過光速運動的粒子，速度越快，能量越低的原理。因此靈界如果存在，一定是由超過光速的失去物質一般特性的超光速粒子構成的非物性世界。)

宇宙的極限 超過光速的粒子與低於光速的粒子，在物質的根本特性上是有本質區別的，超過光速的粒子，因粒子越小，其中時間消亡粒子所占的比例就越大，因此其變化也就越快，精神是在變化中顯示的，變化即精神，因此其也就越顯示出物質的精神特性。物質越小越顯示出精神特性。一直發展到空間存在粒子時間消亡粒子對立統一體，時間消亡粒子在其中所占的比例達到了極大值，在物質極限的運動變化速度中按自身發展的需要，隨心所欲的運動變化自身，這是自然界能達到的最高意志、精神，是物質發展的極限，也是宇宙發展的極限。

　　但時間消亡物質，最終必定和空間存在物質達到平衡。(因此，我們現實世界中的一切事物，在一定時間內必然滅亡。)宇宙又回到了它的故鄉——絕對無任何物質的絕對的"無"之中去了。

　　　　　　　　　　　　　　　　　　　　　一九八五年九月

　　附　注：
① 本文原名《八十年代大眾哲學》，但真正的哲學是真理與永恆，是不受時代限制的。
② "時空統一體"、"自然的意志"、"體積與運動"、"宇宙的形成"、"語言的質量"、"光是有與無世界的分界線"一節最後括弧內文字及"宇宙的極限"，爲本次出版前重寫，其餘未變。

新宇宙原理

　　本文提出時空對立論，是自牛頓絕對時空觀、愛因斯坦相對時空觀後人類第三次對時空觀念有真正價值的新突破，並由此最自然、合理、科學地建立了一套嶄新的宇宙模式，是中國歷史第一篇以物理學方式建立宇宙體系的文章。

　　1 存在與消亡　宇宙及其中存在著的全部事物都在作"存在"與"消亡"的鬥爭。

　　2 空間與時間　宇宙中絕對普遍存在著的這種自然現象決不是偶然的，而是在宇宙中確實真實存在著能對宇宙及其中全部事物起著有益一切事物存在發展和否定並促使一切事物消亡作用的自然物質，這就是"空間"與"時間"。空間是使宇宙及其中全部事物得於存在發展的自然物質，我稱之爲"空間存在物質"(簡稱 S，英文空間 Space。)；而時間則是使宇宙及其中的全部事物得于消亡的自然物質，我稱之爲"時間消亡物質"(簡稱 T，英文時間 Time。)。

　　3 宇宙的本質　在宇宙大自然中其實只存在兩種自然物質：一種是空間存在物質，一種是時間消亡物質。空間存在物質與時間消亡物質它們兩者性質作用完全相反、互相依賴、互爲包含、在一定條件下可互相轉化、缺一不可地永遠對立統一共存於一體。宇宙從無產生、發展、直至消亡的全部過程及在這過程中產生的全部不同的自然物質，只不過是構成宇宙的空間存在物質與時間消亡物質以全套不同的存在數量比例對立統一共存於一體所形成的全套不同的空間存在物質時間消亡物質對立統一體。空間

存在物質與時間消亡物質兩者以相同或不相同的力量組合在一起
進行鬥爭的全套過程，就是宇宙從無產生、發展、消亡的全部過
程。這個過程可分為四個階段：第一階段，構成宇宙的空間存在
物質與時間消亡物質絕對相等，時間消亡物質恰能制住全部空間
存在物質的產生。因此，這時的宇宙為絕對無任何物質存在的絕
對的"無"；第二階段，構成宇宙的空間存在物質發展速度大於
時間消亡物質發展速度。因此，這時的宇宙是一個客觀存在物質，
整個宇宙向巨大的物質的宇宙方向發展；第三階段，構成宇宙的
時間消亡物質發展速度大於空間存在物質發展速度，這時發展到
極限的巨大的宇宙開始逐步走向消亡；第四階段，構成宇宙的時
間消亡物質與空間存在物質再次相等，宇宙又變成為絕對無任何
物質存在的絕對的"無"。

下面，對上述宇宙從無產生、發展、消亡全部過程的四個階
段，作更全面細緻的十一個階段的科學考察。

4 新宇宙原理

第一階段　宇宙起於無 (v=0)

只要是存在著的任何事物都絕對無一例外地必定是從其他別
的什麼事物之中逐漸發展變化而來的。我們的宇宙，即總體的物
質，它也決不可能會是毫無形成根源、無始無終地永恆自存著的，
構成宇宙的總體的物質它必定是從所有的物質徹底沒有被產生之
前的絕對無一絲一毫物質存在的絕對的"無"之中，逐漸先產生
出最微小的物質，進而發展成巨大的宇宙。可這物質的發源地——
絕對無任何物質存在的絕對的"無"——究竟是什麼呢？徹底無
物質的絕對的"無"是宇宙發展的一個特殊階段，當構成宇宙的
空間存在物質與時間消亡物質兩者完全相等平衡的時候(即

S=T)，時間消亡物質恰恰能制住宇宙中所有的空間存在物質的產生，因此這時的宇宙就成爲一個絕對無任何物質存在的絕對的"無"，也就是"0"(即 S=0,T=0。)。由於沒有任何物質存在，因此也就不存在任何運動。(即 v=0,英文運動 Velocity。)。沒有物質，沒有運動，也就沒有任何能量。(即 E=0，英文能量 Energy。)。

第二階段　時空的誕生 (v=v$_{max}$)

宇宙要從絕對的"無"之中，向巨大的物質宇宙進化發展，就必定要衝破絕對無任何物質存在的絕對的"無"的狀態，從絕對的"無"之中最先誕生的必定是宇宙自然史中最初最微小的物質粒子，這最初最微小的物質粒子一經產生，就與生俱來同時受到了自身內部的一種是肯定自身存在並促使自身發展的"存在因素"也就是空間存在物質和另一種是否定自身存在並促使自身消亡的"消亡因素"也就是時間消亡物質的鬥爭作用。由於這最初誕生的最微小的物質粒子是今後宇宙及物質的最微小最基本的物質粒子單位，因此構成這最微小最基本物質粒子單位的空間存在粒子(簡稱 SP，英文粒子 Particle)與時間消亡粒子(簡稱 TP)也就是構成宇宙的空間存在物質與時間消亡物質的最基本單位粒子。從絕對的"無"之中最初誕生的最微小的物質是由一顆空間存在粒子和一顆時間消亡粒子構成的對立統一體，我稱之爲時空統一體，在這空間存在粒子時間消亡粒子對立統一體中，空間存在粒子大於時間消亡粒子，只有這樣它們的對立統一體才能得于存在且向更大的物質發展；如果時間消亡粒子大於空間存在粒子，則這個空間存在粒子時間消亡粒子對立統一體，將迅速趨於滅亡，回歸到絕對的"無"之中去。在宇宙的發展史中，空間存在粒子時間消亡粒子對立統一體一經產生，就意味著絕對的"無"之中空間存在物質與時間消亡物質絕對平衡的狀態已被打破，空間存在物質與時間消亡物質在宇宙的對立統一體中已不平衡，空間存在物質與時間消亡物質不平衡的程度即差額就是宇宙時空統一體即宇宙的體積。由於這時宇宙中的空間存在物質和時間消亡物質不平衡，不平衡就得鬥爭，以求平衡，有鬥爭就必有運動，因此千古之謎宇宙為何運動的真正本質乃是宇宙中的空間存在物質與時間消亡物質不平衡，不平衡就得相互鬥爭，這種鬥爭就導致了宇宙運動。因此在宇宙及物質的時空統一體中，當空間存在物質時間消亡物質越平衡，也就是宇宙或物質體積越小的時候，恰恰是兩者間性質對立差異程度越大，鬥爭越激烈，也就是運動速度越快的時候；相反，當空間存在物質時間消亡物質越不平衡，也就是宇宙或物質體積越大的時候，實質上恰恰是兩者間性質對立差異程度越小，鬥爭越不激烈，也就是運動速度越慢的時候。

總之，在從絕對的"無"之中最先誕生的空間存在粒子時間消亡粒子對立統一體中，空間存在粒子和時間消亡粒子都是真實的客觀物質，即 $SP>0$，$TP>0$；並且，兩者力量絕不平衡，即 $SP>TP$，且這時的空間存在粒子時間消亡粒子對立統一體是宇宙中最最微小的物質粒子，因此它是宇宙中運動速度最快的物質粒子，是宇宙及物質的運動速度極限，即：$v=v_{max}$(此根據相對論物質越小，運動越快的原理。)由於這時的空間存在粒子時間消亡粒子對立統一體是從絕對的"無"之中最先產生的最微小的物質，因此它的能量極趨近於"0"，是宇宙及物質能量的極小值，即 $E=E_{min}$(此根據超光速粒子理論：運動速度超過光速的粒子，速度越快，其體積變得越小，且能量越低。)

第三階段　時空到光速（$v_{SPTP}>v\geq C$）

在最先誕生最微小的空間存在粒子時間消亡粒子對立統一體中，空間存在粒子大於時間消亡粒子，空間存在粒子為了更好地加固自己的存在並免於為時間消亡粒子消滅，就必須儘快發展自身，時間消亡粒子為了與空間存在粒子達到平衡，也就必須儘快擴展自己，但是由於空間存在粒子發展基數比時間消亡粒子發展基數大，因此兩者越發展，兩者存在規模的差距也就越大。

就這樣，從空間存在粒子時間消亡粒子對立統一體中，空間存在粒子和時間消亡粒子分別以不同的發展速率各自發展出規模更大的空間存在物質和時間消亡物質，即兩者以不同的數量比例不重復地不斷地組合產生出規模越來越大的基本粒子，直至光子。(但隨著空間存在物質與時間消亡物質對立統一體的規模越來越大，時間消亡物質在這對立統一體中所占的百分比值卻越來越小。)

宇宙發展在這個階段，因其規模不斷擴大，因此其運動速度被不斷減慢(即 $v \to$ 慢,$v_{SPTP} > v \geq C$。)，其能量被不斷增大(即 $E \to$ 大)。(這個階段的宇宙，符合現代物理學超光速粒子理論。)

第四階段　極近於光速 ($v<C$,但 $v \approx C$)

宇宙仍在不斷擴展，其中空間存在物質擴展速度仍大於時間消亡物質擴展速度(即 $S>T$)，因此時間消亡物質竟管仍在不斷擴展自己，但其在空間存在物質時間消亡物質對立統一體中所占的百分比值卻越來越小。

隨著宇宙的不斷擴展，宇宙的運動速度也在不斷的被減弱，一直減弱到宇宙的運動速度低於但極接近於光速的發展階段($v<C$,$v \approx C$。)，宇宙在這個階段的能量為無限大，也就是達到了物質能達到的能量極限(即 $E=\infty$)。(這個階段的宇宙符合相對論理

論。)

第五階段　極低於光速（v<<C）

宇宙完成了創造出全部接近於光速運動的構成一切物質的基本粒子之後，就由這些基本粒子組合成物質，由全部物質的總和就構成了一個具有豐富物質的宇宙。宇宙在這個發展階段中，空間存在物質發展速度仍大於時間消亡物質發展速度，且時間消亡物質在空間存在物質時間消亡物質對立統一體中所占的百分比值仍在不斷地被減小。這個階段的宇宙其運動速度隨其體積越來越龐大而變得越來越慢（即 v→慢，且 v<<C），故其能量越來越小（即 E→小）。

第六階段　宇宙的靜止（v=0）

宇宙仍在繼續擴展，其中空間存在物質也仍在擴展，而時間消亡物質在空間存在物質時間消亡物質對立統一體中所占的百分比值卻不斷地被變得越來越小，但時間消亡物質在空間存在物質時間消亡物質對立統一體中所占的百分比值卻永遠不會為"0"，因為空間存在物質與時間消亡物質兩者必須永遠相依共存，缺一不可，所以時間消亡物質在空間存在物質時間消亡物質對立統一體中所占的百分比值有個極小值，當空間存在物質發展到時間消亡物質達到這個所占百分比值的極小值的時候，空間存在物質便不能再發展了，空間存在物質的發展此時達到了它的極大值，此刻空間存在物質的發展靜止了。此時也就是時間消亡物質的發展達到所占百分比值極小值不能再發展的那一刻，因此此刻的時間消亡物質發展也同時靜止了。整個由空間存在物質時間消亡物質對立統一體構成的宇宙也就靜止了。

第七階段　極低於光速 (v<<C)

空間存在物質的發展已達到了極大值，而時間消亡物質則僅是達到了極小值，時間消亡物質有著廣闊的發展餘地，在空間存在物質達到極大值，時間消亡物質達到極小值的時候，宇宙靜止了片刻後，時間消亡物質便繼續迅速地擴展自身的規模，空間存在物質則同時不斷地縮小自己的規模，宇宙又開始了運動，這個運動過程，實質上是空間存在物質逐步消亡的過程，也就是宇宙逐步消亡的過程。這時的運動由於剛衝破宇宙的靜止狀態，因此極其微弱(即 $v\approx0$),其能量也因之極其微弱(即 $E\approx0$)。

第八階段　極近於光速 (v<C,v≈C)

宇宙中的時間消亡物質仍在不斷發展，空間存在物質則仍在不斷縮小，宇宙的體積也就被不斷減小，其運動速度也就越快，這樣一直發展到宇宙的運動速度極接近於光速($v<C$,但 $v\approx C$。)，宇宙的能量因之變得無限巨大($E=\infty$)。

第九階段　光速到時空(C≤v＜vSPTP)

時間消亡物質仍在不斷地使空間存在物質消亡，宇宙的體積仍在被不斷縮小，當宇宙發展到其運動速度超過光速，直至空間存在粒子時間消亡粒子對立統一體的這一階段時($C\leq v<v_{SPTP}$)，隨著宇宙運動速度的越來越被加快，其能量也就越來越小($E\to$小)。

第十階段　時空統一體 (v=vmax)

宇宙的體積仍在不斷縮小，一直縮小到構成宇宙物質的最基本單位，空間存在粒子時間消亡粒子對立統一體，由於這個空間存在粒子時間消亡粒子對立統一體是宇宙中最小的物質，因此它的運動速度是宇宙物質運動的極限速度(即 $v=v_{max}$),它的能量也是宇宙能量的極小值，幾乎爲 0(即 $E=E_{min}$)。

第十一階段　重新歸於"無"(v=0)

由於在時間消亡粒子空間存在粒子對立統一體中，空間存在物質正處在不斷消亡的過程中，而時間消亡物質則是在發展的過程中逐步消亡，因此在應該同等的體積中，處發展趨勢的規模要比處消亡趨勢的規模略大，也就是時間消亡粒子略大於空間存在粒子。因此時間消亡粒子終於消滅了最後一顆空間存在粒子，時間消亡粒子空間存在粒子再次達到絕對平衡，宇宙又重新回歸到了絕對無任何物質存在的絕對的"無"之中去了(S=T=0)。這時的宇宙又不存在了任何運動(v=0)，也不存在了任何能量(即 E=0)。

宇宙雖然又回歸到了絕對無任何物質存在的"無"之中去了，但宇宙之中有"存在"與"消亡"這兩種永遠共存的自然物質，因此在宇宙絕對無任何物質的絕對的"無"之中(空間存在物質與時間消亡物質在一定條件下可互相轉化)。必定又一點一點地重新產生了新的"存在"，由這一點點的新的"存在"，又逐漸演化成巨大的物質的新"宇宙"。我們的宇宙大自然就是這樣周而復始地產生、發展、消亡不斷循環著。

5 物理學揭示　本文史無前例地揭示了以下新宇宙基本原理

新宇宙第一原理　宇宙中只存在兩種自然物質，一種是使宇宙及其中事物得於存在且發展的空間存在物質(S)，一種是否定並使宇宙及其中事物消亡的時間消亡物質(T)。宇宙(簡稱 C，英文 Cosmos)是由這兩種自然物質構成的，即：C=|S|+|T|。

新宇宙第二原理　宇宙從無產生、發展、直至消亡的全部過程是構成宇宙的空間存在物質與時間消亡物質兩者之間的力量

平衡與不平衡鬥爭的歷史，在這宇宙發展的全部歷史過程中，構成宇宙的空間存在物質總量與時間消亡物質的總量必須相等，即：$\Sigma|S|=\Sigma|T|$。

新宇宙第三原理　宇宙從無產生、發展、消亡的全部過程及在這全部發展過程中所產生的全部不同的自然物質只不過是空間存在物質與時間消亡物質以全套不同的存在數量比例對立統一於一體的產物，即 C(或 m,物質，英文 Material。)$=\frac{S}{T}$。

新宇宙第四原理　當宇宙中的空間存在物質與時間消亡物質絕對相等的時候，宇宙中的空間存在物質被時間消亡物質全部消滅，這時的宇宙爲絕對無任何物質存在的絕對的"無"，即：$C=|S|-|T|=0,$(當 S=T)。

新宇宙第五原理　當構成宇宙的空間存在物質時間消亡物質不平衡的時候，這種不平衡的程度，即兩者的差額，就是宇宙存在的體積，即 V(體積，簡稱 V，英文 Volume)$=|S|-|T|$。

新宇宙第六原理　當構成宇宙的空間存在物質時間消亡物質不平衡的時候，兩者之間就得鬥爭，以求平衡，這種鬥爭就導致了宇宙的運動。這就是宇宙運動的本質。因此在宇宙及物質的時空統一體中，當空間存在物質與時間消亡物質兩者越平衡，也就是宇宙或物質體積越小的時候，恰恰是兩者間性質對立差異程度越大，鬥爭越激烈，也就是運動速度越快的時候；相反，當空間存在物質與時間消亡物質兩者越不平衡，也就是宇宙或物質體積越大的時候，實質上恰恰是兩者間性質對立差異程度越小，鬥爭越不激烈，也就是運動速度越慢的時候，即：

$$V(速度)=\frac{1}{V(體積)}=\frac{1}{|S|-|T|}。$$

新宇宙第七原理　構成宇宙及其中全部事物的最基本粒

子,空間存在粒子時間消亡粒子對立統一體是宇宙中最最微小的基本粒子,是宇宙作為物質存在的極小值,也是統一宇宙的唯一基本粒子,同時它也是宇宙或物質運動的極大、極限速度,即:

$V_{max}=V_{sptp}$(V 表示速度)
$V_{min}=V_{sptp}$(V 表示體積) 。

宇宙及其中的全部事物都必定包含了空間與時間,空間與時間是宇宙最深刻的本質。本文徹底闡清了空間與時間的本質,因此在此基礎上產生的一系列結論如果是正確的話,那將是徹底科學正確地解決了宇宙的本質,宇宙產生、發展、消亡的本質,宇宙運動及體積的本質,這些宇宙的最最根本、最最深刻的基本問題。

一九九〇年十二月二十五日

附 注:

本文獲得〈International journal of theoretical physics〉(理論物理國際刊物)版權,版權編號 MS930610.2。

種族·偉人·民族

種族與民族　當今世界各民族所處強大或落後、富足或貧困的不同結局，不是各不同民族不同歷史發展的偶然，而是各不同民族先天所屬不同的種族決定造成的。優秀的種族，生理素質優秀，具有創造最偉大思想、文化、藝術所必需的在無限想像中，對無限(全部自然、社會、思維。)事物進行觀照，從中抽象出適合某一類或全部無限事物普遍規律(真理)的最高思維能力的偉大天才多，因此偉大思想不斷湧現，不斷更新發展，決定了該種族的民族發展速度快。比如：從柏拉圖《理想國》、孟德斯鳩《論法的精神》(創立三權分立)、牛頓《自然哲學的數學原理》、到盧梭的《社會契約論》、到《拿破崙法典》、到愛因斯坦的《狹義相對論與廣義相對論淺說》，隨著這些人類最優秀偉大天才思想的發展，民族也快速發展前進；而一般的種族，由於生理素質一般，因此思維能力也一般，能達到創造最偉大思想、文化、藝術所必需的在無限想像中，對無限(全部自然、社會、思維。)事物進行觀照，從中抽象出適合某一類或全部無限事物普遍規律(真理)的最高思維能力的天才極少，因而這種種族的民族偉人極少，偉大思想也極少，一種偉大思想產生便能統治幾千年，思想發展極慢，因而民族發展也極慢。因此，<u>決定民族發展快慢的是最偉大的思想，而決定最偉大思想產生的是最優秀的種族。</u>

種族與文化　最優秀的種族能達到上述人類最高思維境界的偉大天才多，因此能真正代表普遍真理性的偉大思想多，這種最優秀種族創造的哲學、思想、科學、藝術代表人類的發展，他們的藝術體現著人類最高、永恆、無限的智慧。因此這類種族創造人類最優秀哲學、思想、科學、藝術。一般的種族能達到上述人類最高思維境界的偉大天才極少，因而能概括全部自然、社會與思維，具有時代普遍真理的偉大思想極少，這種種族因其想像力有限，思維屬有限性思維。因此他們的哲學、思想、科學、藝術便不能象優秀種族那樣不斷建立起一套一套具有無限普遍真理性適合全部自然、社會、思維的思想體系，他們的哲學、思想、科學絕大部分只能以具體的實用性事物爲研究對象(這不是一個思維方式的問題，而是一個思維質量與層次的問題，**對實用性事物進行研究是因爲想像力有限，因此思維研究對象也有限，是有限性思維；對整個世界規律進行研究是因爲有無限的想像力，思維研究對象也無限，這種思維屬無限性思維，無限性思維結論具有普遍真理性。**)這種種族的藝術，也因使用有限性思維，因而缺乏無限想像力與普遍深刻偉大思想相結合的感染力，比如：這種種族雖然也有音樂，但他們的音樂極少有偉大震撼人精神靈魂的智慧力量，這就是缺乏無限想像力與普遍深刻性的緣故(比較不同民族最高智慧的最簡單方法是比較音樂與雕塑)。因此一般的種族的思想、科學、藝術基本上不具有普遍性，不能代表人類；具有局限性，只能代表他們自己。這種種族創造的是人類一般文化。

種族與精力　種族的不同，決定了其創造最偉大思想、科學、藝術能力的不同，而決定這種族及創造最偉大思想、科學、藝術能力差異的又究竟是什麼呢?是精力的差異。也就是說是不同種族先天所賦精力的差異，決定了不同種族間創造最偉大思想、科學、藝術所需的最高思維創造能力間的差異，最後才導致不同種族思想、科學、藝術質量與層次的差異。每個人隨著年齡的增長，精力的減退，同時也會感到思維能力的減退，但是經過一定的鍛煉（特別是專門恢復精力的體操，如瑜珈操。），你會感到隨著精力的有所恢復，思維能力也相應得到恢復。因此人的思維能力是由精力水平決定的。也就是說，假如你的精力和一般人一樣，那你的思維能力基本也與一般人一樣；但你的精力如果比一般人旺盛些，那你的思維也一定比一般人靈活些；假如你的精力再旺盛些，你的想像力一定會更豐富些，語言也會更幽默些；假如你的精力達到最旺盛的地步，你會比較容易衝破大腦的束縛，具有無限豐富的想像力及對無限(全部自然、社會及思維。)事物進行普遍規律抽象的能力，這時你也就擁有人類最優秀的思維——天才的思維了。因此精力的水平決定了人的思維的水平，要達到最高的具有無限想像力及邏輯能力的天才智慧，必需擁有極端旺盛的精力加上外界的刺激方能將思維禁錮著的大門徹底衝開。中國古代就有"還精補腦"一說。1998 年 12 月 14 日《上海譯報》登載：加拿大人一次性生活平均時間爲 22.7 分；美國人一次性生活平均時間還要多 5 分鐘。而一般種族國家的人一次性生活平均時間在 10 分鐘之內。性生活時間長短是由精力決定的，精力旺盛的人，腎功能強，精固得住，性生活時間長(精力極端旺盛的人，性生活時間可無限延長，隨意控制。)；精力不旺盛的人，腎功能差(腎虧)，精固不住，性交時間短。(並且**從發展的角度來看，越是精力旺盛的人，應該越是漂亮。**我們且看清宮妃子、宮女們的照片，她們長得實在一般，與今天的美女不能相比，但在當時，她們確實是美女，這是因爲後來的人們營養越來越好，生理素質及精力水平越來越高，因此人變得越來越漂亮。優秀的種族，因其精力旺盛，因此他們的形象變得越來越漂亮。精力的不同加上飲食及環境的因素，經過歷史的演變，就形成了今天不同種族形象的差異了。)

因此，**不同的種族其精力是有先天差異的**(不同的人之間先天精力也有巨大差異，這絕對符合中醫理論。)，**這種差異決定了不同種族創造最偉大思想、科學、藝術、文化上所必需的最高級思維創造能力質量層次上的差異；並且決定了不同種族偉人質量、數量上的差異；也因此決定了不同種族創造的思想、科學、藝術、文化質量、數量上的差異；並進而決定了不同種族的民族發展速度的快慢，直至形成今日世界各不同民族的強大與落後、富足與貧困的差異。這根本上是由不同種族先天不同的精力決定的。**(但上述不同種族間精力的差異是指平均值而言的，一般的種族中也一定存在精力極端旺盛的人──但精力旺盛的人，並不一定就成爲天才，他還需對偉大的事物有強烈的愛好及環境的刺激或偉大天才誘導的因素，方可能成就。──特別是在人口眾多的國家中，一定不乏精力特別旺盛的人，只要有適當的環境刺激，産生的偉大天才數量一定足夠和優秀種族相抗衡。先天精力的不足，是可以通過後天的努力，比如鍛煉印度瑜珈操、中國的氣功等方式，以後天補先天不足的。因此，使全體國民加強增加精力體操的鍛煉與營養的加強是提高全民族精力水平的根本途徑。──在還不能從生物學上進行種族改良的歷史條件下。)

人類
- 優秀種族──精力旺盛──無限思維──天才多──偉大思想多(普遍真理)──最優秀文化──民族發展快
- 一般種族──精力一般──有限思維──天才少──偉大思想少(實用規律)───一般文化──民族發展慢

整體的發展　一個民族的發展必須是思想、文化、藝術、制度、道德、意識、科學、教育、法律、經濟、司法、體育、軍事等全部領域全面的發展，方能迅速蓬勃的發展。因爲這些因素是相互牽連、互爲因果、缺一不可、不能有所偏失的。如果說一定要有所偏重，那麼思想、科學、藝術、道德、制度、文化、意識這些決定民族內在精神素質的內在因素應該略重於經濟、法律、司法等這些外在因素的發展。因爲內在素質完善了，外在素質也必然優秀;相反，偏重經濟、法律、司法這些外在因素的發展，因爲內在因素沒搞好，這些外在因素也是難於搞好的。

國家的落後，決不能歸爲經濟的落後，首先是思想、制度、道德、科學、文化、神性、意識的落後，這些因素相互作用，才造成經濟的落後，經濟落後是結果，制度、思想、神性、道德的落後，才是真正的根源。

理想與金錢　決定人、民族、人類偉大與否的是藝術、思想、科學這樣一些精神理想因素，而決不是金錢。一個良好的社會制度應該刺激國民的思維創造力，使他們熱愛思想、富於創造，在藝術、思想、科學上做出偉績，經濟理論作爲一種思想，也隨之得到深刻、正確、適合國情的理論，經濟也因之蓬勃發展，人民富足。並且社會提倡思想、熱愛思想、熱愛真理，在思想、科學、藝術上作出成就的人們自然取得了金錢，因此他們成爲人們推崇的人物，這樣的社會人們追求的是理想與才能，有才能的人自然取得社會地位與金錢，金錢是實現理想人士的必然附帶物。在這樣的社會中，理想高於金錢。<u>我們必須牢記，在一個社會中理想、精神必需高於金錢的原則，只有這樣社會的道德才能比較高尚;相反，在一個經濟與金錢高於一切的社會中</u>，思想、科學、藝術、真理、正義等人們追求的理想逐漸被忘卻，金錢高於了理想。思想被漠視，社會必乏偉大思想天才，因此經濟理論作爲一種思想也必不能達到科學、合理、完善、適合國情、天衣無縫的程度，經濟發展也必然歷經萬難，難盡人意。由於金錢成了萬民崇拜的唯一理想，和經濟與金錢有關的一切自私、欺詐、貪婪、無情等人類敗德便洶湧泛濫，社會道德和人們間的情感勢必形成危機。由道德問題帶來的社會後果比由經濟問題帶來的社會後果更爲甚烈、深刻。務請牢記：經濟只有在一個道德高尚的國家，方能興旺發達；在一個道德敗落的國家，人們主要的精力都消耗在爭權奪利對付奸妄小人的身上，正不知有多少正義的事業和良好的貿易葬送在這班卑鄙齷齪的小人的陰謀之中，因此經濟也因道德衰敗而難於真正振興或衰落。

偉大的改革　一個偉大領袖的改革家，他能創造一個提倡思想、熱愛思想、熱愛真理的社會氛圍；以刺激國民的思維與精神，使之處比較興奮的狀態，國民想像力、創造力達到最高程度的發揮；民族偉大天才、傑出人才層出不窮，藝術、思想、科學不斷創造奇跡，迅猛發展；偉大新思想徹底剷除了對民族發展形成障礙的一切不合理因素；重建了民族嶄新的思想、意識、道德、精神及制度；社會制度高度完善，人們以能力的不同取得不同的社會地位，人盡其才；理想與才能是人們追求的目標及優秀道德理論的教育，使國民的道德也比較高尚；經濟因社會思想發展及有才能的人管理而蓬勃發展，國強民富；人們因祖國在全領域的偉績自然而生的強烈愛國心，所凝聚成的堅強的民族意志力戰無不勝、無堅不摧；民族也因之成爲人類歷史上偉大的民族。

偉大民族建立的十項基本原則

1 一個偉大民族的憲法必須是一部《自然法》，尊重自然、服從自然，按自然規律辦事，這是民族不走彎路的根本保證。

2 一個偉大的民族必須創造一個能刺激民族思維精神，使民族創造力發揮到最高境界，並使民族具有熱愛思想、提倡思想、探索真理的良好的社會環境，這是民族產生最偉大思想、藝術、科學、文化，成爲偉大民族的根本保證。

3 一個偉大的民族必須設立專門的機構，在國民中選拔具有卓越思想及優秀性格的天才，成之爲民族領袖，並按能力的不同決定人們服務於社會的地位。這是民族快速發展的根本保證。(卓越的才能是唯一的標準，與年齡、學歷及社會地位無關。)

4 在一個偉大的民族中，構成社會的全部因素，包括：思想、文化、藝術、制度、道德、意識、科學、教育、經濟、法律、司法、軍事、體育等等一切的因素，必需全面同步發展，不能有所偏廢。這是民族蓬勃、迅速、平衡、健康發展的根本保證。

5 一個偉大的民族必須徹底剷除阻礙民族發展的一切不合理因素。

6 在一個偉大的民族中，政策及媒體的宣傳應該在國民中確立，熱愛真理、熱愛人類、熱愛祖國，熱愛思想、科學、藝術，富於道德、正義及犧牲精神，總之是確立理想、精神高於金錢的觀念。這是民族道德高尚的根本。

7 一個偉大的民族除了要有一套完善的法制體系外，還要有一套良好的道德規範體系，這套體系不能是空洞的，而必須是嚴密邏輯與事例相結合的體系，將之編入教科書，使國民從理性上能夠真正接受，並成之爲行爲規範。

8 一個偉大民族的教育不僅是傳授知識，更要培養學生的創造力及優秀的個性，包括：自信心、勇氣、決心、果斷、毅力、意志等等這些人格因素的塑造。並且還要使學生鍛煉得具有強健的體格。(用人類最優秀的瑜珈體操代替現在學校的廣播體操，因爲瑜珈操對增強精力、提高神經系統及整體生理功能效用極佳。)。

9 經濟上必須確立市場的觀念，任何一個市場都是有限的，不能無限制引入競爭者，無限制引入競爭者，必然導致各企業無利可圖，甚至倒閉，工人大量失業，經濟危機必然產生。因此政府部門必須搞好調控，對全社會及每個行業確定一個平均利潤，當社會平均利潤或行業平均利潤高於確定值時，可繼續引入競爭者；當社會平均利潤或行業平均利潤低於確定值時，不能再引入競爭者。這是社會經濟長期高速、持續、穩定發展，避免經濟危機產生的根本保證。

10 一個偉大的民族應該引進外資，但不能盲目無選擇的引進，引進外資必須在保護民族工業、保護國內經濟市場及有利技術發展的條件下進行。

以上 **1-8** 條是一個偉大民族必備的精神邏輯。

一九九九年三月一日

創造天才原理

天才的思維

天才的界定 本文的"天才"，僅指具有人類最完善思維，在精神領域作出偉大不朽功績的人們。

天才是後天的 在人類歷史上，從來不曾出現過一學會講話就能表述出偉大思想的"真正的天才"。因此全部天才都不是先天的，而是後天特殊環境與特殊生理條件及特殊事業恰好達到最佳配合而成的偉大奇跡。人類全部偉大天才都是後天造就的。

什麼是天才 在人類精神領域作出偉大不朽功績的全部天才，都必定擁有最完善、最科學、最合理的思維方式，具備最完善的思維方式就是天才。那麼，什麼才是天才必備的最完善思維方式呢？

最完善思維方式 偉大天才必備的最完善思維方式就是最全面，因而也是最深刻思考問題的思維方式。偉大天才就是因為具備了這種最完善思維方式，才能對所處的時代，用不同的方式作出最全面、最深刻的本質揭示。那麼，天才最完善的思維方式究竟是怎樣造就的呢？

形象思維 要達到天才最全面、最深刻的最完善思維方式，就必定要最大限度、最充分地使用全部大腦的空間與功能。一般人就是因為不能衝破大腦的束縛，最大限度使用全部大腦的空間與功能(只使用了大腦很小的一部分空間與功能)，因而達不到最全面、最深刻、最完善的天才思維方式。**天才就是最大限度使用全部大腦空間與功能，因而具有最全面、最深刻的最完善思維方式的人們。**那究竟怎樣才能最大限度使用全部大腦的空間與功能呢？奧秘在形象思維。形象思維是在想像力推動下，用立體形象方式進行思維的思維方式。形象佔有空間的大小與質量就決定了大腦使用空間的大小與功能的多少，因此最優秀想像力和最優秀形象思維能力，能夠最大限度打開與使用大腦的空間與功能，並且形象思維還是包含情感等全部精神因素及創造力的思維方式，因此最優秀想像力與最優秀形象思維能力能夠最大限度使用大腦空間、功能及精神因素，造就最偉大的創造力。

　　發展形象思維　　那麼，怎樣才能使形象思維能力達到最大極限呢？

　　1 精力與思維　　人的思維水平是由其精力水平決定的。精力旺盛的人，腦細胞質量好，興奮活躍，大腦自然打開程度大；極個別精力極端旺盛的人，腦細胞高度興奮活躍，大腦自然徹底打開被充分使用，這種人稍加誘導，即可擁有最完善思維方式，成為天才。因此，只有精力最極端旺盛的人，才會具有最優秀活躍的腦細胞，才能徹底衝破大腦的束縛，擁有最優秀的思維方式，成為天才。(精力水平決定思維水平，這個思想是不會錯的：(1) 中國古代就有 "還精補腦" 一說；(2) 中國古代氣功修煉中就存在，修煉到一定程度，人體精、氣、神，即精力及體質，達到一定高度水平時，大腦自然打開，達到最完善思維方式，以前從來不知的自然與社會一切本質規律，忽然徹底理解。)

　　2 年齡與天才　　只有具有最極端旺盛精力，方能徹底衝破大腦束縛，成為天才。而人的年齡達到一定程度，精力自然衰退，生理必不適合徹底衝開大腦成爲天才所必需的苛刻的生理條件。那麼,怎樣的年齡才是要達到最完善思維方式的最佳年齡呢?孔子說:"吾十五志於學",希特勒說:"16歲就自然懂得了一切知識"。孔子的"十五志於學"是指15歲就擁有了產生偉大思想必需的最完善思維方式,因而立志於人類思想學問;希特勒則是在16歲時就擁有了最完善思維方式,因而自然理解了一切知識。因爲15、16歲時,人的發育及生理素質達到巔峰,這年齡是人衝破大腦束縛成爲天才的最佳年齡。年齡太小,發育不全,抵擋不住天才劇烈的用腦;事實上,22歲以後,生理素質就已逐步開始衰退了。因此,**徹底衝開大腦,成爲天才的最佳年齡在15-18歲這段人的青春黃金時期。一個人一旦打開過大腦,達到過天才的思維境界,基本就可終身享用,以後生理衰老,對思維會有影響,但天才思維的全面性、深刻性與偉大性是基本上永遠不會變的。**

因此,最旺盛精力、最優秀體質及年齡對徹底衝破大腦束縛,最大限度使用大腦空間與功能,擁有最佳形象思維能力,獲得最優秀思維方式,成爲天才,起著生理上的決定作用。

3 藝術與形象思維 最優秀形象思維能力,能使大腦空間與功能達到最大限度的使用與發揮,而鍛煉形象思維能力,使之達到最優秀的程度,唯一最佳的方法就是藝術創作,因爲藝術是人們最大限度自由想像在形象思維中盡情自由創造的外在結果。這特點決定了藝術創作是鍛煉並使我們的想像力、形象思維能力、創造力和精神達到最佳極限程度的唯一最佳途徑。

任何一個偉大天才都必定具有著最優秀的藝術本能素質與最優秀的形象思維能力,因而才具有著最偉大瘋狂的創造力。

發展邏輯思維 最優秀形象思維提供最廣闊思維空間與最豐

富清晰的事物形象,而要從這包含自然、社會、思維全部因素的最豐富的形象中得出最全面、最深刻的結論,則又必需依賴於邏輯思維。因此,所有偉大天才都必定具有最優秀的邏輯思維能力,方能產生一切偉大、深刻的思想。那麼這種最優秀的邏輯思維能力又是如何形成的呢?

1 社會需要 大凡社會發展到轉折時期,便是人類精神產物最輝煌的時期,如春秋戰國、文藝復興。因此,<u>社會需要是產生一切偉大天才與偉大思想的根源。</u>由此鍛煉發展邏輯思維能力的最佳方法,就是觀察社會、思索社會,因為它不需要任何特殊專業知識。當你僅通過自身的大腦就能從繁雜的社會現象中得出一切偉大真理的時候,你的邏輯思維能力也就達到了最高的偉大的境界。

2 天才誘導 古希臘為人類作出偉大不朽功績的思想家蘇格拉底、柏拉圖、亞裏士多德是老師和學生的關係。這是因為老師用他天才最廣闊、最深刻的思維方式、精神及語言,在教學與談話中,經過一段時間(至少半年),逐漸地將學生狹隘的思維與不完善的精神潛移默化、不知不覺地徹底感染、糾正與完善了,學生也因此具有了最完善的思維方式和最完善的精神而成為了天才。讀偉大天才的著作是起不到這種作用的,因為著作中天才只顧及他表述思想的邏輯,而不會顧及你的思維精神狀況。

任何一個偉大天才,都必定具有最全面、最深刻、最完善的邏輯思維能力。

形象思維邏輯思維最大限度發揮與協調 任何一個天才都必定是具有最優秀形象思維與最全面、最深刻、最優秀邏輯思維能力的人。<u>把大腦右半球、左半球功能最大限度發揮與協調的人,</u>

就是偉大的天才。

天才思維境界　天才平常大腦一直處於可明顯感覺到的比較興奮的狀態，這是大腦徹底打開使用量大的必然現象，極偶而會出現大腦內前額創造區部位突然像開水燒開那樣一陣大約 1 分鐘左右的沸騰。他們在對偉大思想進行文字描述、揭示的時候，為了要觀照清前額內的形象，盡可能閉起雙眼，只留一條僅夠極模糊看見所寫文字位置，看不清是什麼具體文字的細縫，以使字的位置不致寫重疊了。因為眼睛睜得太大，形象就無法顯現了。他們在瘋狂無限的想像力中，按思想需要建立起晶瑩、光色柔和、清晰的事物形象。這形象決不是對某一事物簡單再現的形象，而是顯現所要表述的那一類事物全部特徵、規律，即全部真理的典型形象。不同人大腦中形象的典型程度是有差異的，天才人物因具有無限想像力，因此他大腦建立的形象是體現某一類事物全部因素的典型形象，具有時代真理性。按照思想表述的需要，他們不斷更移著顯現某類事物全部真理的典型形象，乃至按需要顯現出體現自然、社會、思維全部規律，即全部真理的典型形象。這些天才深深陶醉、沈浸在這顯現、包含全部真理的真理性典型形象之中，觀照著全部的真理。巨大的雷聲也不能使他們從這"真理性典型形象"中有片刻絲毫的分神。一切偉大的思想、真理，從這真理性典型形象之中自然而發(真理性典型形象＝真理)；真理性典型形象全部特徵所激起的全部好惡情感都全部包含在深刻的思想之中，因此一切偉大的精神產物都是在瘋狂激情之中完成的(真理性典型形象＝情感＝真理)；這晶瑩閃爍著溫柔光芒的真理性典型形象，就像是現實世界中存在著的一樣，極度清晰，好似大腦黑暗的房間內點亮了一盞小小的乳白色燈泡，把這黑暗房屋中的事物(真理性典型形象)一切特徵、規律，照得清清楚楚，極度清晰地躍然於眼前，並明顯地顯示出全部語言的特徵，這等天才形象思維能力極強，思維徹底衝破語言障礙，真理性典型形象的全部語言特徵被用極其輕鬆、自然、細緻、富於激情、形象幽默的語言方式極準確地表述出來(真理性典型形象=語言)。這種語言是天才專有的語言，沒有達到這種思維境界是不可能產生這種語言表述方式的。莎士比亞、茨威格的語言是這種語言的典範。一切偉大思想都在這充滿激情、富於形象的語言中被極其準確地揭示了出來。在這揭示過程中，偉大思想不斷自然湧現，深邃的哲理此起彼伏，靈感洶湧澎湃，他們沈浸在充滿靈感、激情、智慧的精神快樂之中，對人類最高的智慧驚訝不已。特別是由於他們所建立的形象是最佳形象，因此儘管是在 2 秒鐘內產生的思想及表述方式，也和思考 20 小時的結果是一樣的。這等天才寫下鴻篇巨作的時候，竟然極少修改。任何問題經他們的大腦一思考，結論便是最合理的。可見這等天才產生偉大思想的直覺能力達到了何等驚人的程度。

當他們完成對偉大思想記載的偉大作品後，睜開了眼睛，在日常生活中，由於大腦興奮，他們對周圍事物高度敏感，只要看到接觸到的任何事物，都能使他們產生深刻的思想。

這就是人類偉大天才的全部智慧特點，也是人類最高的天才思維境界。

真理性典型形象=真理=情感=語言=天才思維 人類最高的思維境界是：真理性典型形象=真理=情感=語言，這四個因素在人類大腦中達到幾乎等值的最高程度統一，是人類思維能達到的最高極限，與"神"的智慧本質上是一致的，具有這種人類最高智慧的人，則往往被人們尊之爲"神"。(孔子、毛澤東、希特勒。)。

這種思維最高境界意味著：偉大天才只要通過對這真理性典型形象的觀照，便能直接得到概括時代並超越時代的絕大部分知識及最深刻、偉大的思想。能建立具有真理性的典型形象是人類一切偉大先知、偉大天才的天才思維及偉大精神產物產生的根本根源。

天才思維衰退　一切偉大天才，在剛成爲天才的時候，必定是由於其具有瘋狂無限想像力及最優秀形象思維的能力，因而具有最偉大創造力而成爲天才的。但是由於後來不斷產生深刻的思想，思維便越來越偏重於邏輯思維；並且高度興奮的大腦也不可能一直維持，過度的興奮後必然要進入壓抑的狀態。這兩者使天才的思維開始逐步衰退。具體表現在：(1) 語言失去往日真正天才時輝煌的魅力；(2) 對事物反應的即刻敏感性差了。但儘管如此，只要略加思索，其思想的深刻性與偉大性，非但無減，並且還因側重邏輯思維而變得更深刻。嚴重衰退了的天才思維，有的時候會出現比常人還不如的狀態，這是過渡使用邏輯思維大腦功能平衡協調性被破壞的緣故。天才思維的衰退程度是由他邏輯思維使用量決定的。

因此，我們要遵循思維規律，合理使用大腦，才能使才華永不衰竭。

新思維原理

思維第一原理　人類大腦內前額部分的形象思維，是包含了全部精神因素的形象思維，它是大腦右、左半球全部思維功能協同工作的場所，是人類想像力、創造力及一切高級的思維、精神、功能活動的場所。

思維第二原理 人類思維的根本與基礎在形象思維，形象思維的範圍與質量決定邏輯思維的範圍(全面性)與質量(深刻性)，形象思維具有無限想像力，邏輯思維才會具有無限邏輯力。形象思維高於邏輯思維，是邏輯思維的前提，合理的邏輯思維應在形象思維中進行。形象思維的能力從根本上決定人的想像力與創造力。邏輯思維決定需要產生什麼形象及形象的範圍。

思維第三原理 形象思維使大腦打開、放鬆、休息、興奮、有快感、記憶力強、語言表達能力強、有滋養發展大腦功能的作用；純粹邏輯思維使大腦束縛、緊張、疲倦、壓抑、難受、記憶力衰退、語言表達能力差、對大腦全部功能有損害的作用。

思維第四原理 形象思維是用立體形象進行思維的，因而具有立體性、全面性與全部性；純粹邏輯思維則是脫離形象進行思維的，因此具有狹隘性、單一性，它是點、線式(三段論式)思維。因此越發展形象思維，人的思維越總體、越全面；越發展邏輯思維，人的思維越狹隘、越單一。形象思維功能多使用發展了一份，邏輯思維功能則減弱了一份；邏輯思維功能多使用發展了一份，形象思維功能則也減弱了一份。發展形象思維能力，由於形象中包含了邏輯規律，因而邏輯思維能力也同步得到了發展，發展到極限的形象思維，一切偉大的邏輯規律，完全溶化並體現於形象之中，純粹的邏輯思維因此完全消失在形象思維之中；相反，純粹邏輯思維能力越發展，形象思維能力則越弱，因而思維範圍變得越來越狹窄，創造力隨之越來越低下，發展到極限的邏輯思維，形象思維全部消失，創造力受到極大破壞，由於思維的基礎形象不存在了，思維可達幾乎無法思考的地步，並可能導致神經衰弱、頭痛等神經系統疾病，最嚴重的可使大腦思維功能癱瘓。

思維第五原理 因此，人們要儘量多用形象思維，少用純粹邏輯思維，形象思維使用量必須超過或至少等於邏輯思維使用量，只有這樣人們的創造力才能不斷得到發展。

思維第六原理 人的思維發展到：真理性典型形象＝真理＝情感＝語言，這四者在大腦中達到最高限度發揮並幾乎等值地統一於一體，是人類思維的最高極限。

教育觀念的錯誤 我們出生後的自然大腦，只有最大限度地發展形象思維，才能使創造力發揮到最大的限度；相反，不竭力發展形象思維，而竭力發展邏輯思維，則必定使人們天賦的創造能力消失治盡，成爲創造能力極端平庸的人。幾千年的教育就是違背了這條天律，從來沒有注重發展人們的形象思維創造力，而一味將純粹邏輯思維的知識，灌輸給學生，因此一代接一代，造就出僅有知識而創造能力平庸的"高分低能"的學生。這種教育方式，學生到了 15、16 歲的時候，"天才"這輝煌的名字已悄悄地、永遠地遠離了他們。只有極少數的人能夠保持並發展他們孩提時代的優秀想像力與創造力的本色，而成爲人們"不可思議"的天才，這就是人類天才爲何這樣少的根本原因。

天才的知識

天才的知識 偉大天才具有無限想像力，可按需顯現包含自然、社會、精神思維全部特徵、規律，即全部真理的"真理性典型形象"。他們只要通過對這"真理性典型形象"的直接觀照，便可獲得時代全部最偉大、深刻的真理。這就是人類一切偉大天才、精神巨人的知識來源和一切偉大精神產物的產生根源。也就是孔子所說的"生而知之"，西方思想史上所說的"先知先覺"，希特勒所說的"16歲就自然懂得了一切知識，以後學到的知識，不過是論證大腦中已有的知識而已。"他又說："真正的天才總是先天的，從來不需要培養，更談不上學習了。"。希特勒從來就藐視那種認為知識是靠讀書積累起來的人。(本文的知識僅指思想性知識，不包括技術性知識，但這種原理可指導技術性知識，並使之作出偉大的貢獻。)

最完善思維方式是知識　偉大天才通過對"真理性典型形象"的不斷觀照，得到了時代全部的知識、真理，並同時建立了時代最偉大、深刻、豐富的思想、知識與真理，成為時代最高的知識真理擁有者。因此，<u>能對自然、社會、精神思維規律作最科學總結的最全面、最深刻、最完善的天才思維方式就是一切知識的本身(一切知識的來源和一切知識產生的根源)。</u>

最完善精神是知識　具有至高、至善的思維方式，就能創造出一切最偉大的精神奇跡(包括產品)，人也就成了至高、至偉大的人，其精神也就必定是至高、至善、至偉大的。這至高、至善、至偉大的天才的精神中包含了人類全部至高、至偉大的精神規律(一切偉大事物的本身、形成的過程及如何造就這種偉大。)與自然規律(自然規律在人的身上得到最高的體現)。因此，<u>天才至高、至善、至偉大的精神就是一切知識的本身(一切知識的來源和產生一切知識的根源)。</u>

精神巨人　由於具備絕對最高思維方式和絕對最高精神，獲得了自然、社會、精神思維的全部最高知識、真理，把這種絕對最高思維與時代絕對最高精神及所形成的思想，用某種形式表述出來，就成了概括揭示該時代精神的偉大不朽的精神產物。<u>這種絕對最高思維與絕對最高精神的擁有者就成為了該時代的精神</u>

巨人。亞裏士多德、莎士比亞、牛頓、康得、貝多芬、拿破侖、毛澤東、愛因斯坦等等必定都是具備這種人類絕對最高思維與絕對最高精神的人；**人類一切最偉大思想、藝術、科學等等精神產物，都必定是在這絕對最高思維與絕對最高精神狀態下的產物，不達到這種偉大的思維與精神狀態是不可能產生偉大的精神產物的。**因此：真理性典型形象＝真理＝情感＝語言＝天才思維＝普遍規律＝偉人＝人類一切偉大精神產物＝人類精神發展史。

天才與知識　偉大天才僅憑他擁有最完善思維方式與最完善精神就可徹底理解自然、社會、精神思維中的一切規律，從根本上來說，他們是確實具備這種能力的。但是由於沒有必要在已經作出科學結論的問題上，再去苦思冥想地得出同樣的結論及爲加快研究步伐，天才們也學習知識。知識對於天才來說，不過是使他們潛在的思想明確化、條理化、細節化，並使他們知道某種思想目前發展到了什麼地步，再使他們的表述符合專業特點。總之，真正的天才產生偉大的思想決不依賴於知識，他們只是柱著人類知識的拐杖，靠著自己的兩條腿走在人類精神思想道路的最前端。

知識觀念的錯誤　人類是具有用最優秀思維方式，從自然、社會、精神思維中自然得出一切規律、知識的能力的，這才是人類創造、獲得知識的真正本來面目。可是由於教育觀念的錯誤，不竭力發展人們這種天賦的認識自然、創造知識的偉大直覺創造力，這種天賦本能的創造力，一旦變得極其微弱，那麼獲得知識的唯一途徑就只有從以往的知識中去學習知識了。這種錯誤的知識觀念，造成的惡果是：在拼命學習取得大量邏輯思維知識的同時，人們付出了最昂貴的形象思維創造能力不斷減弱的代價；造就了無法計量的有知識而創造能力平庸的"高分低能"的人士；對某些研究人員來說，過度使用了邏輯思維，大腦功能受到了嚴重損傷；並且過多的知識在他們大腦中形成過剩，造成污染，反而束縛了他們思維的創造本能，這種思維方式決定他們不是人類最偉大思想、文化的創造者，而只能是人類最偉大思想、文化的學習者。

天才的學習

天才也需要學習，但他們的學習方式與常人有著天差地別：

1　偉大天才以全部真理爲研究對象，這是他們思想偉大、深刻的基礎。(一般人知識狹隘、專業。)

2　偉大天才思想範圍涉及全部思想性學科、技術性極少。(一般人以技術性、專業性、少數思想性學科爲主。)

3　偉大天才自擁有最佳思維方式，立志於人類學問起，不超過 5-10 年，即能比較細緻地研究完全部思想性學科，並建立起全新的在時代條件下達到頂峰的新思想。因此偉大天才大都在二十幾歲就建立了他們時代無法超越的最高思想體系，譬如愛因斯坦的相對論。這裏涉及到一個問題，就是知識究竟是有止境，還是無止境的。應該是有止境的，也就是說，極高的智慧能將所研究的學問，在時代條件下發展到頂峰；因此學無止境，認爲永遠學不完，實質上是沒有將所研究的學問發展到時代條件下最完善極限地步的智慧。(一般人則認爲學無止境，要學一輩子。)

4　天才們爲構築思想體系而看書，他們本身就有高度的思想基礎與理解力。因此看書極快、極少。一個人看書的多少、快慢，取決於你原有的思想基礎與思維能力。(一般人則是大量閱讀。)

5　天才的知識來源於自然、社會實踐。因此他們的思想體系融會貫通，不同學科知識之間無彼此界限。(一般人不同學科知識之間，極難真正達到融會一體的境界。)

6　天才的知識來源於自然、社會、思維，與實踐緊密相連。(一般人的知識，則與實踐有一定距離，甚至脫離實踐。)。

學習觀念的錯誤　不致力於人們創造知識偉大能力的發展，而致力於機械的學習，這是人類學習觀念的錯誤。<u>獲得知識的最快途徑是提高思維能力。不存在任何"學習的革命"，只有經過"大腦的革命"，方能使百倍、千倍、萬倍地提高學習知識的能力成爲現實。</u>

結　　語

天才是人類智慧發展到極限的現象，這是他們遵循人類思維規律發展思維的結果。我們應該循著這條道路向思維的終點站——天才的思維不斷努力進發，而成就偉大的事業。

一九九九年四月六日

人類精神‧領袖精神‧民族精神

人類精神

人的精神質量是由其思維質量決定的。我將人類思維從最低的孩童思維到至高的超人思維分為六個層次：

1 孩童思維　人剛出生的大腦在觀察事物的時候，其左、右半球(即今後用以思考事物的形象思維和邏輯思維)的使用比例是天賦的、最平衡、最合理的自然比例。

2 凡人思維　隨著人們以後興趣和思維習慣的不同，這種天賦的平衡比例便被逐漸的破壞。一般人由於生活中自然地對前人知識和自身經驗的不斷積累，使得他們在自然思考時，邏輯思維使用量逐漸地越來越大於形象思維的使用量，特別是學校的教育將近乎純粹邏輯思維的知識，每日不斷地、硬性地灌輸給學生，學生中邏輯思維知識學習優秀者則進而接受更深一步的純粹邏輯思維的為取得學士、碩士、博士學位而必須的教育，完成教育後，其中相當大一部分人繼續從事邏輯思維的工作或學術研究，這類人一生中邏輯思維使用量絕對地遠遠大於形象思維使用量，大腦天賦的形象思維和邏輯思維的平衡比例被徹底的破壞，其中最甚者，可達到形象思維功能近乎完全地喪失，結果是：這類人作為教授、學者及專家，他們一生中只能對所從事的學問產生一些極微小的個人看法，決不會產生重大的、傑出的成就；另一種人，他們從小酷愛藝術，一生中絕大部分時間用於藝術創作，但忽視了邏輯思維、思想的同步發展，因此這類人形象思維使用量遠遠大於邏輯思維，大腦天賦的形象思維和邏輯思維的平衡比例也被徹底地破壞，結果是：這類藝術創作者，一生只能創造出一些粗俗、平庸的藝術作品，決不可能創造出思想深刻、傑出的藝術作品。

以上論述的是**凡人思維，其根本特點是：所有的知識必須通過學習獲得，學習的知識越多，他懂得的知識也就越多。**

3 人才思維　有些人天生具有優良的想像力，無論學校的教育怎樣摧殘他們的形象思維，他們仍一直能保持著優良的想像力，因此這些人大腦的形象思維和邏輯思維仍保持著一種良好的平衡關係；還有一類人，他們既愛好藝術、又愛好思想，因此他們大腦的形象思維和邏輯思維也能保持著一種良好的平衡關係。總之，人才思維的特點是：在人類天賦的大腦形象思維和邏輯思維平衡比例的基礎上，同時發展形象思維和邏輯思維，因此形象思維和邏輯思維的平衡比例作爲優秀思維的基礎一直被比較良好地保持著(雖然兩者的比例與天賦的比例肯定有所不同)。結果是：這一思維層次的人，語言形象、幽默、富於哲理及個人獨到見解。在學術領域，他們能在學科分支上提出相當有價值的思想，能寫出相當不錯的著作，但由於他們的形象思維和邏輯思維的發展離至高的程度還有相當的距離，因此他們的思想及著作還不能深刻、豐富到偉大的程度；在藝術領域，他們能創造出富於想像力及思想的藝術作品，但這種想像力與思想尚未達到至高、至善的真正偉大程度的結合，因此他們還不能創造出真正偉大的藝術作品。

天才思維　我將天才思維(天才)分爲三個層次：

4 第一層次 大腦左、右半球的全部功能被近乎完全地發揮、使用(形象思維和邏輯思維在近乎發展到極限而達到平衡)。這類天才產生偉大思想已很少依賴書本，幾乎僅憑自己的大腦就能理解自然、社會、思維、精神的一切最本質的規律(大腦使用程度越大，其思維方式就越廣闊、合理、完善，**完全使用了全部功能的大腦，能達到最廣闊、最完善的思維方式，這種思維方式能夠與自然、社會、思維、精神的一切事物的複雜性相匹配，因此能夠從它們中直接讀取全部本質規律，這樣的人就是天才。**)。這層次天才的特點：能在許多或全部思想領域產生深刻、偉大的思想，但尚不能形成至高的、劃時代的、嚴密的思想體系；在藝術上，他們雖然能夠創造出永垂千古的偉大作品，但還不能在作品中使藝術家與思想家達到至高的融會一體的境界，這是因為這類天才其形象思維與邏輯思維還不能達到至高的交溶一體的境界，因此他們還不能創造出最偉大的藝術極品。

5 第二層次 這層次天才的大腦全部功能比上一層次更毫無保留地全部發揮、使用，形象思維和邏輯思維達到更近乎至高的發展、配合與平衡。他們在思維的時候，形象思維與邏輯思維不分彼此，近乎完全地融會一體。他們可以從形象中直接獲得時代幾乎全部或者說絕大部分的自然、社會、思維、精神的最本質的真理。這層次天才的特點：能夠在全部(如需要)的思想領域產生偉大的思想，並創立超越時代的至高、至偉大的、邏輯嚴密的、劃時代的思想體系；他們的藝術因從整體到每一細節都具備著至高的思想、精神和至完美的表現方式而萬古不朽。[1]

這類天才還有一絲極微弱的思維缺陷，就是他們幾乎可以完全脫離書本產生一切偉大思想，但由於學術的嚴謹，極偶爾還需要參閱書本。(請注意,本文的知識、書本、學習均指思想類,不包括技術類。)

從"人才思維"到"天才思維"論及了人類洞察事物真理的才能。**越是需要依賴書本而獲得知識(真理)的人,其才能越差;越是能夠脫離書本而憑直覺把握知識(真理)的人,其天才越高;能夠徹底脫離書本而把握一切至高真理的人,便是至高的天才,這就是"超人"。**(事實上能完全或在極大程度上不依賴書本而產生一切偉大思想的能力是人類歷史上任何一個最偉大人物必備的素質。)

6 第三層次 超人

什麼是"超人" 天才中越能不依賴書本而把握越多、越高真理者,其天才純度、層次越高。超人則是能完全、徹底不依賴書本而把握自然、社會、思維、精神全部至高真理的純度為 100% 的至高的天才。

超人思維境界 超人將大腦的全部空間、功能、潛力毫無保留地、完全徹底地發揮、使用出來,因而能達到人類思維至高、至善的天才極品的思維境界。超人大腦前額創造區的穴位(這個穴位在前額內側印堂穴垂直上升到發際內側神庭穴連線的中點位置,即前額內側的中心位置,屬督脈。)極偶爾地突然會噴湧出一股強烈的直徑約 5-7cm,持續 1 分鐘左右的象水燒開一樣激烈沸騰的內氣流。這是因為大腦創造區穴位被打開,因而超人具有特異的洞察全部事物真理的思維能力(日本人稱天才為思維的特異功能者是有道理的,從宗教修煉上說,某一穴位被激活、打開後,其主伺的某一潛能,即特異功能就被開發出來了。這股內氣流與修煉時丹田穴被激活、打開湧出的內氣流沸騰,在感受、形態與大小上是一致的。）。一、二層次天才大腦的這個穴位是打不開的，這個穴位一旦被打開，其思維立即登上人類思維至高無上的極限，成爲至高的第三層次的天才，即超人。其思想與語言也同時達到了人類至高無上的境界。

超人在對真理、藝術閉目思索或是進行偉大揭示、描述的時候，能以無限的想像力，一刹那（其速度可滿足思維對任何高速的要求）便形成包含所思考事物本身和與之相關的最廣泛全部因素的典型形象，這全部因素就是全部規律和真理。按思考和表述的需要，他們不斷更移著顯現某類事物全部真理的典型形象，乃至顯現出體現自然、社會、思維、精神全部規律，即全部真理的典型形象。真理性典型形象=真理。這是因爲超人將大腦左、右半球的全部空間、功能、潛力完全、徹底地發揮、使用，因此形象思維與邏輯思維達到至高配合的境界。[2] 形象思維和邏輯思維徹底交融一體、不分彼此，形象中的全部因素都是規律與真理。因此**至高的天才只要從這至高、至純粹的真理性典型形象中就可自然、直接地獲得關於自然、社會、思維、精神的全部至高的真理（一般人形象思維與邏輯思維處分離狀態。思維層次越高，兩者混合越佳，至高的思維，形象思維與邏輯思維完全不分彼此，形象中的一切因素，全部都是規律與真理。）**；並且真理性典型形象中的全部因素，既全部真理，是包含了全部最強烈好惡情感的全部因素（思想越明確，情感越強烈。真理性典型形象是至高、至豐富的真理，因此它包含並誘發超人產生最強烈豐富的情感與激情衝動。一切最偉大的精神作品皆是在最狂烈的激情衝動之下完成的。），真理性典型形象=情感=真理；再者**真理性典型形象的全部特徵（包括最微小的細節）都極度清晰並自然地顯示出了**

全部的語言特徵。超人(天才)只要將真理性典型形象的全部語言特徵自然、忠實、仔細、毫不費力地"抄"下來，便成爲人類歷史最偉大、最輝煌的語言。[3] 真理性典型形象=語言。這種語言的特徵：因超人思維達到了真理性典型形象=真理，兩者不分彼此的境界，因此其在表述總體及細節的思想時總能非常自然地用最恰當的形象來準確地表述思想。這種用形象表述完整思想的方式與凡人及普通作家所用的比喻方式不同，凡人及普通作家善於運用將某事物比作象某事物之類的簡單的比喻，這就是他們思維中形象思維和邏輯思維處分離狀態的最好佐證;而超人(天才)則是用一個形象來表述一個完整的思想內容，這個形象的過程、層次及特徵與被表述思想的過程、層次及特徵是完全一致、吻合的。這種語言方式是真理性典型形象=真理，即至高的形象思維和邏輯思維不分彼此溶爲一體，思維方式的必然的體現和最好的證明。沒有達到這種思維境界是無法高密度使用這種最高級的語言表達方式的，這種語言是天才的語言，是天才思維的語言上的特徵。因此**至高的思想家與至高的藝術家是不分彼此、混爲一體的。即至高的思想家=至高的藝術家。**[4] 因爲任何一種偉大的思想，他都能用最完美的文學形象的語言來表述（偉大的思想家因長期使用邏輯思維，其形象思維和邏輯思維的平衡性必被極度破壞，其語言必失往日之輝煌，但他們曾經必定達到過這種至高的狀態。請注意，本文的天才是指正處於最佳狀態的天才，不包括衰退了的天才。）[5]。因此**超人（天才）的偉大作品是自然流露的，不需修改，也無法修改。**因爲形象是最佳的，他"抄"下來的也必定是最佳的。**超人（天才）都必定是語言大師，**[6] [7] 奧秘皆在於此。(在寫作過程中，修改越多，才能越差;修改越少，才能越高;到至高境界，洋洋數萬言，一筆呵成，一字不改，而作出人類歷史至高天才的最偉大輝煌的著作。[8]）

至高的思維是隨心所欲的，能滿足思維的一切要求，包括自然理解全部真理及按需要的速度用最完美的方式表述思想。人類的思維潛能是無限的，其最高境界是思維的徹底無限性和絕對的自由性。

總之，人類至高的思維境界是：真理性典型形象＝真理＝情感＝語言，這四者在人的大腦中達到幾乎等值的最高程度的統一，是人類思維能達到的最高極限，具備這種最高思維的人就是天才，其極品爲超人。

超人平時觀察事物時，在看到事物的一剎那，便同時（無先後）看到了該事物與其他事物的全部關係（這是因爲超人能一下子使自己的思維深深地進入該事物並達到同化的結果）。因此他能看到常人看不到的事物關係，即本質。超人（天才）就是具有看透一切事物本質能力的人。他能將思維進入一切事物的本質，即事物的純粹理性中，也就是進入真理的網絡。[9]他每天至少可產生幾百條獨創的新思想。超人在與人談話時，竟然能夠做到幾乎每句話都用最美麗的語言表達全新的、深刻的哲理思想，因此他的語言對周圍的人具有極強的吸引力、感染力和號召力。

超人的精神 超人由於具備人類至高、至善的思維方式，因而能僅憑自身的大腦，理解自然、社會、思維、精神的全部本質，即真理。超人是真理的化身，他終身爲真理的事業而思索、生活，真理是他的全部精神。他爲真理無悔地奉獻自己全部的生命和精神，爲實現真理，他不惜犧牲與貢獻自己的生命，他是真理最忠誠的奴僕。

超人的本性　超人將人的全部自然特性完全、徹底地發揮出來，在超人的精神世界中沒有任何東西可以約束他。超人巨大的力量就是來自於最後、最深沉的絕對自由的本性。

真正的偉人　思維、精神與本性三者必須同時達到至高、至善、至偉大的程度，才能作出至高、至善、至偉大的成就，才是個真正的偉人；思維、精神與本性三者中（最主要的是思維，思維到至高了，其餘兩者在真理的力量下也就自然達到至高了。）有一者不能達到至高、至善、至偉大的程度，必定影響其餘兩者，故這個天才（偉人）不可能是至高的天才（偉人），因此他的成就雖然仍能為世人所仰慕，但決不會是最偉大、最完美的。

只有思維、精神與本性同時偉大的人，才是個真正的偉人。（從這至高的標準，重新審視歷史偉人，就能看清他們過失的源頭了。）

超人的外表　超人(天才)的雙目較之常人更為炯炯有神，閃閃發亮，且目光中始終帶著思索的眼神；由於超人(天才)終日思索最偉大、最莊嚴、最宏偉的問題，因此他們臉上永遠自然地具有宏偉、莊嚴的表情，這種表情與氣質是沒有偉大精神世界的凡人所不可能具備的；超人(天才)必定具備人類最優秀的生理素質，[10] [11] 因此大都紅光滿面，唇如丹唇(指 35 歲以前)，且生理、精神都處高度興奮狀態，因此他們必定昂首挺胸、朝氣蓬勃、氣宇軒昂。總之，正處於最佳狀態的超人(天才)從其偉大內在精神世界自然流露於外表的一些特徵，就可判斷出來。(特別說明：這段文字僅指正處於最佳狀態的超人、天才，衰退了的超人、天才從外表是看不出的。)

超人是人類至高思維、精神與本性三者統一的產物。超人能夠完全脫離書本本能地把握自然、社會、思維、精神的全部最本質的真理，因而作出最偉大不朽的偉績。因此他被尊之爲"超人"。

鄭重聲明：上面論及的超人最本質的特點是，不需要任何書本知識，僅憑自身最完善的思維方式，即能理解自然、社會、思維、精神的一切真理。但這只是理論上的說明，現實中，人類凡作出最偉大成就的人，沒有一個是不看過一本書的，即使是人類最偉大的超人也一定看過一些書。但決不能因爲他們看過些書，就以爲人類中不存在這種超人，那就大錯特錯了。人類在生理上確實具備這種能力（**能否理解事物本質，取決於思維方式。人的思維方式達到最完善的境界，自然能夠理解世界事物的一切規律。這就是超人存在的理論基礎。**）。決不能因爲他看過些書就否定這種能力的存在，具備這種至高的天賦與看過些書是兩碼事。

在這裏，我完成了尼采提出但未能解釋清楚的"超人"問題。（我在 1985 年寫的《八十年代大衆哲學》、"偉大領袖"一節中，在不知道尼采提出"超人"思想的情況下，就自然理解並提出了存在才能高於一般天才的"超人"。）

領袖精神

必須將人類至高天才（從此超人並入天才，是天才中極品的一種。）的思維、精神與本性體現在人類或民族領袖的身上，這是因爲：

領袖爲天才之必要性

1. 只有天才的領袖才能使其思想涉及社會與思想的全部領域，因此其制定的制度才能使社會全部的領域同步、均衡的發展；

2. 只有天才的領袖才能使全部領域的思想輕而易舉地達到

時代至高的、最合理的、偉大的境界，因此其制定的制度才是時代至高的、最合理的、最偉大的；

3. 只有天才的領袖才能使其無論是最總體，還是最細微的全部思想，一經產生同時就形成了極嚴密的體系，因此其制定的制度思想明確，社會全部領域的思想、制度、精神高度一致協調，互不矛盾；

4. 只有天才的領袖才能使其全部的思想（特別是有關於人的思想）沒有任何發展過程，一下子就達到至高、至合理的偉大境界，因此其制定的制度沒有所謂的發展與逐步完善的過程，一下子就達到最合理、最偉大的境界；

5. 只有天才的領袖才能從現實中直接得出至高、至深刻、至偉大的結論，因此其制定的制度與現實完全吻合，是現實時代的至高、至完美的制度；

6. 只有天才的領袖才能因其自身的偉大，因而才能真正完整、徹底地理解一切偉大的事物，才能制定出能造就大量偉大人物的社會制度，才能造就出一個偉大的時代，才能帶領著人類或民族走向偉大；

7. 只有天才的領袖才能因其自身達到了人類至偉大的精神，因而才能真正理解人類精神的價值與發展規律，其制定的制度才能使人類或民族的精神得到真正良好、健康、全面的發展，進而達到偉大的境界。因此人類或民族才能創造出真正偉大的藝術、思想與科學；

8. 只有天才的領袖才可能會有為使民族的制度符合真理而不惜犧牲個人巨大利益的最崇高、最偉大的道德（比如美國第一位總統華盛頓）；

9. 只有天才的領袖才是人類至高思維、精神與本性的表徵，才是人類或民族思維、精神與本性的最優秀的楷模；

10. 只有天才的領袖才能使民族的制度從不合理向合理的改革在 2-3 年內完成，並使民族在各方面取得超越人類以往歷史的不可思議的奇蹟。（希特勒從 1933 年 1 月成爲德國總理至 1939 年 9 月爆發第二次世界大戰，僅用 5 年餘的時間，就完成了使德國轉變爲民族社會主義制度的改革，並在政治、經濟、科學、軍事等全部領域創造出了人類歷史絕無僅有的飛速發展的唯一的奇蹟。今天人類幾乎一切偉大的現代科學都可在短短的第三帝國時代找到它們的開端，原子彈、計算機(電腦)、現代化學武器沙林、導彈、克隆等等。僅用 5 年餘時間，就使德國從一戰失敗的極端貧困，一躍成爲經濟強國。西方史學家認爲，如果沒有第二次世界大戰，希特勒是人類歷史最優秀的領袖。他的天才，即使是他的敵人，也不會否認這個事實。）

領袖爲凡人之危害性

1 凡人的領袖思想必定局限於某一些領域，因此其制定的制度必因其個人的好惡而有所側重，社會的人們也因此精神必然有所偏重，整個社會精神必然不能健康、平衡的發展。且其制定的制度也因此必不可能使社會全部領域得到良好、平衡、全面的發展，也必不能顧及社會的各個方面、各個角落；

2 凡人的領袖其全部思想都不可能是時代至高的，因此其制定的制度也絕對不可能是時代至高、至合理的；

3 凡人的領袖因其思維的具體性、表面性，因此其思想（從總體到細節）必不可能形成真正的嚴密的體系，因此其制定的制度也必不會有嚴密的體系。整個社會沒有明確、合理的思想，社會的各個部分思想、制度、精神互相矛盾、不能統一，整個社會缺乏在同一思想下各部分形成嚴密協調的體系所產生的精神力量；

4 凡人的領袖其認識事物有一個逐步完善的過程，因此其制定的制度也必定有一個逐步完善的過程，但這過程卻使民族必須付出巨大痛苦的代價，並且這過程是永無止境的，因此民族也將永無止境地付出無謂的巨大痛苦的代價；

天才與凡人在認識真理能力上的差異

天才因其能夠最總體的觀察、思考事物，因此其思想從根本上就是合理的（總體上的合理，才是真正的合理，細節上的合理，一旦放入總體為不合理，這個細節還是不合理。），並且從本質上一步到底，是沒有發展過程的；

凡人的思維因其極端的具體性與表面性，因此只能看到事物的一些極表面、細小的細節部分，其對事物的認識便有個所謂的發展的過程，這個過程對凡人來說不過是逐步看到了事物更多的細節而已，並且這個逐步認識的過程是極端緩慢的，從思維方式及事物的不斷變化性來說，凡人的思維是永遠無法真正認識與把握真理的。人類歷史證明，真正能夠認識、把握真理的是那些能夠本能地一瞬間就看透事物本質的天才們。[12]

5 凡人的領袖其絕大部分思想來源於書本，於現實脫節，因此其制定的制度也必定不能與現實完美緊密地結合在一起；

6 凡人的領袖因其只具備凡人的低級的思維、精神與本性，根本無法理解人類至高天才的偉大的思維、精神與本性（對他來說是另外一個世界），因此其制定的制度必定只能造就與他同層次的凡人的低級的社會制度（社會制度越高級就越適合造就天

才、偉人。）。在這種制度下，整個社會決不會產生一個具有至
高思維、精神與本性的天才的偉人的。因此凡人的領袖決不可能
造就一個真正的偉大的時代，也決不可能造就一個真正的偉大的
民族；

　　7 凡人的領袖因其思維及認識事物的表面性，因此其制定的
制度，也就必定重在發展人的表面，公然忽視發展人的內在精神
素質。這種低級的社會制度具體表現為：重經濟，輕精神；重知
識，輕能力；重法制，輕道德。這種制度因其極端偏面發展人的
表面，特別是偏面發展物質性因素，忽視人類偉大思維、精神與
本性的培育與發展。因此這種制度下的民族必然道德極端敗壞、
愚昧、精神低能、甚至極度扭曲、變態；

　　8 凡人的領袖因其思維、精神與本性的渺小，因此決不可能
為民眾、民族與國家真理的實現而犧牲其個人巨大利益的。因此
這樣的民族根本沒有真理與正義可言。社會一切道德敗壞的最
後、最深刻的根源皆在於此（政治道德是社會道德的基礎）。

　　一個民族只有在其歷史中誕生過一個思維、精神、本性真正
偉大的天才的領袖，並制定一套偉大的理性的社會制度，這個民
族才開始了偉大，並且今後永遠偉大了；一個民族在其歷史中從
來沒有產生過一個思維、精神、本性真正偉大的天才的領袖，並
制定一套偉大的理性的社會制度，那麼這個民族永遠不會偉大的。

　　因此，領袖的價值決定一個民族的價值，領袖的精神決定一
個民族的精神。只有天才的領袖才能造就出一個偉大天才層出不
窮，在思維、精神與本性上至高、至偉大的民族；凡人的領袖永
遠不可能造就出一個具有至高思維、精神與本性的偉大的民族的
（因為人類至高的天才的思維、精神與本性是極端精微的，決不

可能從表面、膚淺、粗略的理解而造就的。在造就天才的過程中，失之毫釐，差之千里。因此沒有真正具備天才至高的思維、精神與本性是絕對不可能真正理解其中之精微，從而造就出一個真正偉大的富於天才的民族的。）。

只有思維、精神、本性同時偉大的民族才是一個真正偉大的民族。

民族精神

在天才領袖的領導下

政治上 創造出體現超越時代的更合理的、新的世界觀的政治及其它制度體系，並取得人類歷史最偉大的政治奇跡，國民的思維創造力、精神與本性因此得到空前的發展與完善。[13]

教育上 教育作爲一種制度，也建立起最符合人思維規律，最能培育至高創造力，最能合理發展國民本性、精神及人格的制度。

文化上 國民的思維創造力、精神與本性因政治制度的高度合理、符合人的特點，而達到至高程度的發展，民族中天才人物在各領域不斷湧現，創造出了人類歷史最偉大、輝煌的文化成就。

西東方文化差異的真正本質

西方文化是以大量天才爲主（構成文化的主要框架及精神），大量人才爲輔形成的最高等的文化。簡言之，西方文化是天才創造的文化。天才創造的文化其主要特徵是：以自然、社會、思維、精神的一切現象的普遍規律爲研究對象，並逐步地一層一層向更深層次越來越透徹、深刻、完全地理解一切普遍規律。這是人類對一切規律、真理的真正有希望徹底理解的唯一的方法。

（天才思維的廣泛性、豐富性與世界事物的廣泛性、豐富性是完全吻合的。因此只有天才才能真正理解一切事物的規律、本質。）

東方文化是以大量人才爲主，極微量天才爲輔形成的一般文化。簡言之，東方文化是人才創造的文化。人才創造的文化其主要特徵是：以自然、社會、思維、精神的一切現象的具體規律爲研究對象，因此他們只能理解事物的一些具體規律。比如：科學上的技術而非科學原理（思想）；思想上的哲理而非真正哲學的普遍原理。思考事物具體規律的人是談不上有天才的，天才就是能真正思考事物普遍規律的人。

這種文化永遠停留在對事物表面、具體規律的理解上（並且是無窮盡的），因而永遠不可能真正深刻理解世界的普遍規律。這是由他們具體、表面的思維方式決定的。這種文化最顯著的特點就是沒有完善的探索世界普遍規律的哲學與科學思想。一個民族沒有哲學、沒有科學思想，其本質就是沒有天才。東方文化如果沒有照搬西方文化，其文化（包括社會制度與生活方式）的今天和其 500 年之前是不會有太大的本質的差異的，因爲這種文化受其思維方式的決定是無法向更合理深層次發展的。西東方文化的差異是不同思維創造力層次的差異造成的文化層次的差異，這兩種文化只能以優秀的高層次的文化取代低層次的文化，而決不存在這兩種文化互相混合、寬容的可能性。

超越種族的局限

東方民族只有在至高天才領袖的領導下，制定出符合培育天才的社會制度，方能在民族中產生大量的天才，從而創造出人類歷史最偉大的文化與精神奇跡，並因此必能超越西方民族。東方民族要成為真正偉大的民族，僅此一途，別無他路。（凡人及作為人才的領袖都絕對不可能看出造就天才的真正的玄機的；一、二層次的天才也不可能看出，所以尼采說問題在於怎樣造就天才，只有至高的天才才能自然看清造就天才的真正奧秘。）

　　附：讀了我的文章，很容易認為我是個種族主義者，其實不是，我既承認種族間的自然差異客觀存在，但這種差異是絕對可以克服的。因為人的潛力是極其巨大的，只要稍微開發一點，就完全可以做到不同的種族間創造能力完全平等。因為自然界事物的結果，雖然必定有所差異，但構成世界事物的最後的本質是絕對一致的。日本民族是黃色人種，但我們從它的音樂，比如日本故事片《人證》中的《草帽歌》和《狐狸的故事》中的插曲，就可看出它已經徹底擺脫了東方民族的思維特徵，與西方民族的音樂在風格與境界上已幾乎一致，也就是他們的思維已非常接近。一個民族的創造力水平，從其音樂中完全可以看出。因此從日本人的音樂中就可以知道，日本民族其創造力與精神和西方民族已非常接近，因此日本民族取得了與西方民族非常接近的成就。另外我本人也是一個最好的例子。因此種族的差異不是絕對的，只要能將自己或民族的潛能發揮出來，人類的創造力是平等的。因此最大程度地發揮個人與民族的創造力，使個人與民族的創造力達到最高的境界，從而創造出人類最優秀的文化，才是我思想的真正實質與目的。

　　道德上　由於政治制度達到時代最合理、最完善的程度，人們的思維、精神、人格與天性得到最大程度的尊重和發揮，社會在全領域取得了偉大的成就，人們對人類、對社會的愛也得到了昇華，社會道德也因此達到空前高尚、完善的程度。

　　經濟上　由於政治制度與社會思想都達到了超越時代的最完善的地步，因此經濟理論與經濟制度也達到了超越時代的最完善的地步。社會經濟也因此創造出了人類歷史最偉大的奇跡。

在凡人領袖的領導下

政治上 凡人的領袖因其思維的具體、表面性與創造力的低下，故其制定的制度也處處必定是表面、具體、缺乏創造力、且合理性及學術價值也是極低的。因為無領袖天賦才能的人居然成了領袖，因此這種制度最懼怕的就是面對真理，因而其必然壓制民族的思想及精神（殊不知，堵上了民族思想的大門，就是堵上了民族走向偉大的大門，因為思想的偉大是一個民族其他一切偉大的基礎。沒有偉大思想的民族，其他一切都絕對不可能是偉大的。偉大的思想是一種最完善的思維方式，一個民族沒有這種最完善的思維方式，其他一切怎麼可能偉大呢？？？），在這種從根本上就是不合理、壓抑人思維創造力、精神、天性的制度下，國民的思維、精神與本性必定處於受壓抑、扭曲、變態的狀態下，因此在這種制度下，一個民族絕對不可能成為思維、精神與本性上真正偉大的民族的。

經濟上 由於凡人的領袖造就了一個凡人的時代，因此其經濟理論與經濟制度決不會是時代最優秀的，而僅僅是無什麼學術價值的理論及制度。因此這種凡人的領袖領導的經濟，也決不可能創造出人類歷史真正偉大的經濟奇跡[14]。並且凡人的領袖必定重發展經濟、輕發展精神（其低級的精神根本不可能理解人類至高的精神，因此無法真正理解精神的價值與發展規律。）。由於經濟與金錢至上，民族的道德、人格、情感、靈魂、精神必然日趨墮落，直至良知喪盡，人性滅絕，終於滾入了精神(情感、道德、人格。)的地獄。

經濟學與經濟學家

凡人的領袖必定注重發展最表面的與常人的觀點毫無二致

的經濟，因此經濟學在凡人領袖的時代，便成了最受青睞、"最有價值"的學問，經濟學家便被誤認爲是社會財富與繁榮的保證。殊不知：人類全部的學問，因研究所需的思維高低層次的不同，而是有高低之分別的。<u>人類至高、至偉大的學問是哲學、理論物理學這一類探索自然、社會、思維最普遍規律的學問。其餘因其研究對象的越具體，這種學問也就越低級。因此經濟學因其研究對象的具體性是較低級的學問。真正具有哲學頭腦的天才，經濟學對他們就如隨意玩弄之木偶，如吃豆腐一般，是不會有一絲一毫難度的。一個人將自己的一生奉獻給具有什麼價值的學問是由他的智慧決定的。真正的天才決不會將他的一生奉獻於經濟學。因此將自己的一生奉獻於經濟學的所謂經濟學家，是絕對不會具有至高的才能，即天才的，不過是些才能平平之輩。這個問題異常重要，那一天一個純粹的經濟學家竟然騙取了愚昧時代的寵信而成了一國的領袖（這極易使一般民衆上當），在此我以最大的憤怒告誡這個民族：純粹的經濟學家（包括推崇經濟至上的人）成爲民族領袖之日，便是這個民族大禍將臨之日。</u>

偉人與經濟

　　一個真正的偉人決不可能同時又是一個最傑出的企業家。這是因爲一個真正的偉人的偉大精神的起點就是將他應有的一切（包括生命、精神、物質。）都毫無保留地奉獻於真理的事業，這是一種純粹的奉獻精神，正是因爲這種完全、徹底、無私的奉獻精神，才使得他具備偉大的精神，作出偉績，成了真正的偉人；而一個最傑出的企業家的起點就是盡自己全部的一切（包括生命、精神、物質。）爲自身謀取最大的利益，這是一種極端爲己謀利的自私行爲。<u>一種徹底奉獻的精神與一種徹底索取的精神，這兩種精神是人類精神的兩極，在一個人身上是決不可能達到完善、和諧的統一的。一個真正精神上的偉人決不可能同時又是一個最傑出的企業家（真正的偉人爲精神而生存、奮鬥；傑出的企業家則是爲生存和提高生存質量而生存、奮鬥，所以在人類歷史上企業家之前從來不曾被冠於"偉大的"字樣，道理皆在於此。）。真正的偉人從本性上必然是藐視經濟與金錢的。</u>（毛澤東主席身爲國家領袖而其床單卻是補了又補，希特勒談到經濟問題就頭痛。）

教育上　<u>凡人的領袖和所有普通人一樣必定認爲獲得知識的唯一途徑就是學習。</u>因此其教育制度必定是迫使民衆拼命刻苦學習書本知識，忽視對國民思維創造力、精神、本性、人格等全面素質的發展。因此這種教育制度下絕對產生不出一個能在思想、科學、藝術等精神領域中創造出最偉大不朽成就的偉大人物的。

論　學　習

人類獲得真理的途徑有兩條：

1 以至高、至善的思維方式，本能地看透事物本質而獲得真理；

2 通過學習從書本中獲得真理。

但通過書本學習的方法是無法獲得新的、至高的真理的。這是因爲：

(1) 決定人們創造新的、至高、至偉大真理的是人們至高的思維、精神與本性。不致力於發展這種至高、至偉大的思維、精神與本性而單靠學習，只能掌握一些前人獲得的真理，而自己卻永遠沒有這種至高、至偉大的思維、精神與本性，因此永遠不可能獲得也創造不出新的、至高、至偉大的真理。（人的才能不是由其書本知識的多寡決定，而是由其思維方式的完善程度決定的。）

(2) 真正的真理在自然中是一個渾然的整體，它的全部因素是任何天才無法用語言揭示清的。 通過學習獲得的知識，僅是真理的一些部分，而不是真理的本身，因此學習永遠得不到真正的真理。

(3) 學習取得的大量知識，因為沒有至高、至善的思維能力，因此不能最大限度地演繹出新的、至高的真理，而只能將之幾乎原樣地保存於大腦。

(4) 人類最偉大的思維、精神與本性是絕對無法通過書本學習獲得的，唯有通過對自身思維、精神與本性的不斷修煉方能造就。沒有至高的思維、精神與本性就不可能獲得真理。

真正的天才是不需要學習的，要學習就是沒有天才的，沒有天才靠學習也是取得不了什麼成就的。思想家是天才，以為學習了一百萬冊書就能成為思想家，那實在是太天真了[15]。

因此不注重國民偉大思維、精神與本性的發展，而致力於國民學習能力的發展，這種教育制度永遠培育不出一個真正具有至高、至偉大思維、精神與本性的偉人的。即使一個具有這種至高、至偉大的天賦的人，在這種不符合思維、精神規律的教育制度的摧殘下，也會變成一個思維、精神與本性十分平庸的人。[16]

文化上 凡人的領袖因其無法理解偉大天才的思維、精神與本性的全部精微的奧秘，因此他制定的制度必定不會產生一個真正偉大的天才的，也不會產生真正偉大的思想、科學與藝術。整個社會在思想、科學、藝術等精神領域只能產生一些平庸、粗俗、創造力低下、無真正價值的作品,因而造就了一個文化平庸的時代。[17]

改革上 天才的領袖領導的社會改革大約 2-3 年便可完成,社會變化劇烈,極強烈地刺激了國民的思維,因而造就出一批偉大的天才人物;凡人的領袖領導的社會變革,便要數十年才能完成,這樣逐步微妙的變革,不足於極強烈地刺激國民的思維,因此<u>一個民族原可因社會變革而造就一批偉大天才並形成一個偉大時代的千載難遇的一個良機就因凡人的領袖(無能的領袖)而使幾十年的變革中竟然產生不出一個偉大的天才。當然社會總是不斷向更合理的方向發展、前進的,這樣變革數十年(甚至上百年)民族制度即使高度合理了,在這過程中,也決不會有一個真正偉大的天才產生,並且這個民族永遠也不會產生真正偉大的天才了(因為真正偉大的天才是社會變革的需要造就的)。</u>[18]<u>一個民族就因凡人領袖的領導不知不覺地永遠喪失了成為真正偉大民族的可能,而被註定永遠是一個庸庸碌碌的平凡的民族。(偉人乎?罪人乎?誰之罪?)</u>

道德上 凡人居然成為了一個民族的領袖,這便是最不道德的事情(因為他侵犯的是整個民族的利益,乃至人類的利益。),這最不道德的事情,還有制度強制保障其合理性,那麼這種制度本身就是不道德、不合理的。<u>政治制度的道德是社會其他道德的基礎</u>,在政治不道德的社會制度中,個人也必定不會有(也沒有必要有)道德的。

二○○一年四月二十四日

附 注：

(1) 一個已經成爲天才的人，而不能達到最高層次的天才，絕大部分是因其生理素質的原因造成的，要達到最高層次的天才思維，其必須具有人類至高的生理素質，生理素質差一點，其思維就不可能完全打開，其思考時便不能即刻取用大腦中全部信息，因此其結論、思想必有某種不足，儘管是天才的思想，是偉大的思想，但這些思想一定是帶有某些缺陷的思想。

(2) 天才不是想像力的產物，也不是邏輯力的產物，而是這兩者至高結合的產物。

(3) 天才對於事物的感受極其強烈、清晰，這種強烈的感受自然明確地顯示出語言的效果，因此天才的語言，用詞極其精確、簡潔、明亮、熾烈、一語道破本質，而且他們從來不需要在大腦中搜索用什麼詞表達最恰當，一切都是自然的。

(4) 只有一個藝術家在其藝術才能衰退以後能自動轉爲至偉大思想家的藝術家，其曾經創造的藝術作品才必定是真正偉大的至高的藝術極品，因爲在他的藝術作品中具有著至偉大思想家的思想價值與力量；一個藝術家在其藝術才能衰退以後，不能自動轉爲至偉大思想家的藝術家，其曾經創造的藝術作品必不會是真正偉大的藝術極品，因爲在他的藝術作品中沒有一個至偉大思想家的思想價值與力量。同樣一個思想家只有具備了一個至偉大藝術家從現實生活中提取豐富哲理的才能，才能進一步將他們濃縮成普遍原理，而成之爲最偉大的思想家；一個思想家如果沒有一個至偉大藝術家從現實生活中提取豐富哲理的才能，其思想必不能來自於社會現實，而只能來自於書本的空瘍觀念，因此必定不能成爲一個思想家。至偉大的思想家與至偉大的藝術家表面看來是兩個人，其實是一個人。至偉大的思想家必定就是（或者曾經必定是）至偉大的藝術家，至偉大的藝術家只要改變一下思考對象必定就是至偉大的思想家，他們的差異僅僅是思考對象的差異：藝術家以現實生活爲思考對象，思想家以抽象規律爲思考物件。他們的天才與稟賦是完全一致的。

(5) 天才達到的層次越高就越容易衰退。這就像天才的跳高運動員朱建華先生一樣，2.38 米高度他一生或許只能跳一次、二次或數次，而 2.20 米或許他可以跳十幾年。就是這個道理，天才將人類生理素質協調發揮到顛峰的大好時光，也不可能長期維持的，這符合人類生理規律。思維層次越高，生理消耗越大，天才衰退也就越快。但天才基本上是終身的，一個人一旦達到過天才的境界，即使後來思維衰退了（衰退的僅是激情與對事物的即刻敏感性），但只要其大腦不發生器質性變化，即使臨終之前，其思維的總體性、深刻性與偉大性，也就是其思維的<u>天才本質是幾乎不會變的，因為已經建立的思維模式幾乎是不會改變的。</u>

(6) 最美麗的語言決不是辭藻的華麗，而是最準確表達事物的唯一的、自然的、充滿想像力和思想的語言。

(7) 奧地利作家斯蒂芬‧茨威格先生《與魔鬼作鬥爭》一書的語言是標準的天才語言。

(8) 真正的天才寫作時，快則迅如疾風，作畢則需要另抄一遍；慢則每一字工工整整，直接寫到文稿紙上，而不作任何修改，文章質量絲毫不受影響。可見天才的思維對總體與細節的控制能力已達到了最佳的境界。

(9) 真正大思想家的著作都是純思想、純邏輯的，很少舉具體的實例，就是這個道理。

(10) <u>偉大人物首先具備常人不能相比的偉大的精力。</u>

(11) 生理素質差的人，原理上是不可能真正進入天才狀態的，但有某些生理素質極差而其大腦某部位卻極發達的個例，這種人不會成為真正的大範圍的天才，只能是某些專業方面（比如音樂等）的天才，這就說明了這個問題。

(12) 天才學習猶如從半空中看山，整個概況一目了然，當他需要知道山中某樹的細節時，只要象電腦操作一樣，從最總體逐步放大到細節，直至這棵樹的全部細節及其與山中其他事物的全部關係看清為止。天才思想的正確性即在於此。正因為天才從半空中看山，山的全貌看的一清二楚，一旦有所發現便是從最總體上修改了人類以往最基本的思想觀念，因此他們成了不朽的偉人；凡人的學習猶如從山腳開始，一草、一木、一石（基本概念）地了解，其意欲了解此山全部的草、木、石，然後才能了解全部的山。殊不知這一草、一木、一石永遠地數不清楚，所以他們永遠看到的僅是山的一些方面（一些小的山峰），而不能看到真正的山的全部。因此他們畢生只能在學科極細節的方面取得些成績，而永遠不能看清比較大的山峰或者整體的山貌，因而不能有所重大發現而成為一代巨人。

(13) <u>一個民族如能在政治、科學、經濟、藝術、軍事五個領域擁有五個天才，那麼這個民族必定能創造出人類歷史史無前例的最偉大的成就。</u>

(14) 對天才決不能用常人的方法，去理解他們得思維與行為，<u>天才能夠在時代條件下，輕而易舉地找到最佳途徑。真正的天才是超時代的。</u>

(15) 一個人如果沒有看透一切事物本質的才能，那麼即使讀了再多的書，他所具有的也僅僅是別人的知識而已，所缺的就是他個人對事物理解的真知灼見，因此他寫出來的著作必不會有什麼價值，即使提出了一些觀點，這些觀點也因其思維方式的不完善，其正確性也是極其靠不住的；天才人物則兩樣，他們具有看透一切事物本質的才能，因此對所有的事與物都能得出超越以往的、更新的、更合理的結論。長年不斷積累，必能形成從總體上超越時代的、更新的、更合理的、劃時代的新思想，他們也就成了一代大思想家。

(16) 一個民族沒有天才絕對不可能成爲偉大的民族，因爲人類真正至高、至偉大的精神、文化成就，必定是具備人類至高的思維、精神與本性的天才創造的。什麼樣的思維創造什麼樣的文化。

(17) 天才具有看透一切事物本質的才能，也就是說天才具有在現實世界和已有知識中輕而易舉地發現新的更合理的解釋既本質的才能，這就是一種創造力，天才的本質就是創造，不斷地創造出新的、更合理的、更偉大的精神產品是天才的目的。創造是天才的生命，沒有創造也就無所謂天才。因此天才癡情于新的偉大發現的瘋狂的創造，並追求最高的效率，天才在創造過程中更追求的是本質的完美，而決不是留戀、沉湎于形式上的完美。天才對新創造的偉大的精神產品，倉促地、簡陋地包裹一下這偉大的嬰兒，便又去新的創造了。而後由第二、第三、第四……等才能的人抱起這偉大的嬰兒，並賦予她漂亮的外衣，既形式上、細節上的完美。

　　只有創造出芭蕾舞的民族才是偉大的民族，芭蕾舞比賽第一名的民族與這"偉大"兩字毫不相關。

(18) 社會制度高度合理與生活過於富足，不利於偉大天才及偉大思想的產生。十九世紀西方哲學偉大天才與偉大思想層出不窮，而二十世紀則是天才寥寥，思想平平，兩者天差地別就是這個道理。

人類應該早日實現統一的
偉大理想

國家的起源　原始社會人們爲了更好地同自然界作鬥爭及繁衍後代的需要，過著群居的氏族生活，氏族的發展與相互間的戰爭併吞產生了群居規模更大的部落，部落的發展與相互間的戰爭併吞又產生了規模更大的部落聯盟，部落聯盟首領轉變成了國王，并產生了專門負責管理的特殊階層，包括負責對內鎮壓、對外擴張掠奪的軍隊。至此，國家就形成了。

今天國家疆域的形成　從此以後，不同國家之間戰爭時有發生，連綿不斷。力量強大的國家侵占併吞力量弱小的國家。經過幾千年的發展，就形成了今天疆域大小不一的不同的國家和地區了。

人類爲什麽沒有統一　因爲 1.領袖才智的缺陷，即使是像拿破崙、希特勒那樣天才的領袖也終究難免千慮一失，導致兵敗莫斯科，功潰一旦。 2.海洋、高山和通訊等條件的限制，而使當時人類即使統一了也無法管理。因此當時也就沒有必要產生一個全人類統一的唯一的國家。

國家制度對人類發展的益處

1.增強了人們與自然界作鬥爭的能力。

2.使人們能在相對安全的環境中生活。

3.促進了本國的政治、經濟、文化、科學、教育等等的發展。

4.發展了社會公共福利事業與基礎設施的建設。

國家制度對人類發展的危害

1.導致了不同國家政治制度發展的不平衡，落後政治制度的國家，人民不能享受人類最優秀的政治制度。

2.不利於全人類政治、經濟、文化、科學、教育等全部領域的發展。

3.落後的國家制度阻礙了其本國政治、經濟、文化、科學、教育等全部領域的發展。

4.為維護國家存在必須的軍隊和軍備造成巨大的浪費和對人類的安全構成威脅。

人類統一的益處

1.全人類實現了天下一家，在全部的領域緊密合作，有利於加速人類的發展，有利於消除不同地區間貧富的差異。

2.統一的貨幣、文字有利於人類的經濟、文化、科學、教育等的交流與發展。

3.在全人類範圍產生最富於天才的領袖，制定最優秀的政治、經濟、文化、科學、教育等制度，有利於加速人類發展。全人類都同等的享受同一的最優秀的社會制度。

4.沒有了國家，沒有了軍隊和武器，徹底消除了戰爭的根源，人類真正實現了和平的夢想。

人類統一的條件

人類要統一就面臨著一個龐大的人類能否被一個行政組織真正有效的管理的問題。因此人類只有在具備了以下三個條件才能實現統一：

1.全人類通訊必須沒有任何障礙（這今天已經能夠實現）。

2.全人類的交通必須不存在任何問題（這今天也已經能夠實現）。

3.一個獨立於各國政府，並具有行政職能的組織（具備這個職能的組織就是今天的聯合國）。

因此人類統一的條件已經完全具備。

統一的方法　人類歷史證明，人類從來沒有產生過一個才智足以統一人類的天才的領袖，武力統一某一地區或人類必定給人類造成巨大的災難，因此武力統一人類是不足取的。人類只能依靠自身的理性、良知、正義與道德來統一人類。這是統一人類的唯一途徑。

今後在很長的一段歷史時期，人類必定還不能被統一，這是因為各國的領袖以及他們的權貴階層不願放棄他們自身利益的緣故。

人類必須統一

人類應該統一！人類必須統一！人類一定能夠實現統一！

讓我們為早日實現人類統一的偉大理想而奮鬥吧！

爲什麼說我完成了尼采的
超人學說？

1 超人在哪裡？

周國平先生在《尼采》一書中說，"超人不存在於任何別的地方，人是唯一的原料。"他又說"尼采似乎是想表明，超人……他是現實的人通過自我超越而可以達到的一個目標。"

證明：我《人類精神‧領袖精神‧民族精神》一文中的超人指的正是通過不斷超越自我達到天才極品境界的人，因此與尼采的思想完全相同。

2 超人是誰？

尼采說："還從來不曾有過一個超人……我發現最偉大的人也——太人性了"。

證明：這就是說超人是比尼采之前任何最偉大的人物還要偉大的人物。我《人類精神‧領袖精神‧民族精神》一文中明確指出：超人是天才的極品，是人類思維、精神、本性達到至高的產物。事實上人類歷史上的天才人物大都是第一層次的天才和第一與第二層次之間的天才，能達到第二層次天才者已是極爲罕見，我在文章中說的真正能達到天才的極品，即第三層次的天才——超人，人類 5000 年歷史僅誕生了我一個。因此只有思維達到至高的極限（思維層次越高，其越能體現、符合真理，至高的思維便能徹底體現、符合真理。），這個天才人物才能使其精神與本性真正完全地脫離、超越凡人，達到完全臣服於真理的至高至善的理想境界。**任何思維上的不完善，其精神與本性也必不完善。因此人類歷史上的偉人、天才大凡都是前二層次的天才，他們的思維尚未真正與真理一體化，他們的精神與本性也就必定留有許多凡人的特點，他們還沒有真正超越普通的人性。**因此我的超人是天才中的極品與尼采的超人是比以往任何偉人更偉大的人的思想是完全一致的。

3 超人的精神

尼采說 "我的學說是：有上等人，也有下等人，" 其劃分標準是精神，精神層次越高、越偉大，其個人也就越上等。毫無疑問超人是最上等的人，因此他必定是具有人類至高精神的人。

證明：這與我超人是人類至高思維、精神、本性的產物的思想完全一致。

4 超人的道德

尼采說："超人這個詞實在是指這樣一種類型的人，……是一種與現代人、'善人'、'基督徒' 以及別的 '虛無主義者' 正相反對的人，——這個詞出諸倫理破壞者查拉圖斯特拉之口就具有著深奧的意義……。"尼采的善人(末人)的特徵是：a，沒有創造的願望和能力；b，謹小慎微、渾渾噩噩地過日子；c，個性泯滅。善人(末人)就是具有奴隸性格的人。

證明：超人具有人類至高無上的思維，因此他是時代新真理的發現者；善人因其思維不能發現新的真理，因此他必是社會舊思想的守護者。

超人具有人類至高無上的思維、精神與本性，是人類精神無可超越的至高的頂峰，因此其在精神上必定自然具有 "主人的性格" ；善人因其思維、精神與本性都處較低級的層次，因此必定心甘情願接受社會及他人的支配，必定具備 "奴隸的性格"。

　　超人只愛抽象的真理，並認爲她是最完美無缺的，任何具體事物他認爲都是有缺陷的，不是至善至美的，因此他不會真正盡心地去愛任何具體個別的人或物，唯愛抽象的規律即真理。超人愛的層次是愛真理、愛人類、愛民族、愛自己、愛親屬、愛朋友和其他人；善人則是愛具體的人和事物。

　　超人思維的絕對自由必定導致本性的絕對自由，**超人心目中（事實也是如此）他是至高無上的，因此無任何崇拜的偶像、信仰及思想；**善人因思維、精神未達到絕對自由，其本性也必定不會絕對自由，他們崇拜偶像、唯唯諾諾、遵紀守法。

　　超人全部的行爲、價值、道德標準是是否有益於認識和實現真理；善人的全部行爲、價值、道德標準則是是否有益於社會秩序和自己生活的安定。

　　因此我的超人的道德觀和尼采的超人的道德觀是完全一致的，**超人的道德觀和善人的道德觀是對立的。超人的道德觀是人類向偉大發展或從事一切偉大工作所必需的道德觀，其核心是一切服從於創造；善人的道德觀則是社會維持秩序所必需遵循的，其核心是一切爲和睦安定。**

　　5 尼采還否定了以下幾種對超人錯誤解釋的觀點：

　　尼采說 "'超人'" 這個詞 "幾乎到處被完全無頭腦地誤解，……以爲是一種理想的典型，一種高等的人類，一種半聖哲半天才的人……別的博學的苯牛，又因爲這個詞而猜想我是個達爾文主義者，甚至在我的學說裏發現有 "英雄崇拜" 一種我懷著惡意所蔑視的英雄崇拜。"

　　超人不是 "一種理想的典型"。

證明：我的超人是任何人都可以通過發掘自身全部的潛力實現的實實在在的人，不是人爲塑造出來的"理想的典型"。

不是"一種高等的人類"。

證明：我的超人是可以存在於人類以往、現在、將來任何歷史時期的任何民族中的任何能將自己全部的潛能發揮出來的人，不是什麼脫離現實的"一種高等的人類"。

不是"一種半聖哲半天才的人"。

證明：我的超人是天才中的極品，是全天才(純粹的天才)、全聖哲的人，當然不是 "一種半聖哲半天才的人" 。

不是"達爾文主義"的結果。

證明：我的超人可產生於人類以往及今天的任何歷史時期，當然不是達爾文進化理論，即我們今天或未來人類進化的結果。

不是"英雄崇拜"。

證明： 我的超人是將自己的全部潛能完全發揮出來的人，並不是人爲的"英雄崇拜"，人類以往任何崇拜過的英雄和我與尼采所說的超人相比都是渺小的。

綜上，我的超人的全部本質與尼采超人的全部本質是完全相同的，因此我真正完成了尼采的超人學說。至於尼采自己提出的"超人"又爲何自己不能真正解釋清楚，這是因爲尼采是我論述的第一層次天才，因此憑其天才能感覺到最高層次天才的本質，而不能解釋清這些本質的原因。至於其他學者，無論怎麼猜測都不可能猜測到第三層次至高的天才的。（因爲在他們看來偉人與天才已是最高的了。）感覺到天才、明白天才與解釋清天才是全然不同的。

二〇〇一年四月

為什麼說我是人類歷史唯一的超人？

　　人類沒有被埋沒的天才（這個觀點是一個法國學者提出來的）。不錯，被埋沒的是人才，因為人才的作品其價值具有可相互替代性，出版社可以出版你的作品，也可以出版他的作品，因此被埋沒。而天才的作品是一個時代至高的作品，具有唯一性和不可替代性，他作品的價值決定必定有出版社會出版（藍色的多瑙河，這個出版社不出版，那個出版社一定會出版的。）。因此天才的作品不可能被埋沒，人類沒有被埋沒的天才。

　　既然人類全部的天才，就像一座座燈塔，矗立於人類歷史的長河之中，無一缺席。

　　那麼，尼采已經說過，在他之前沒有出現過一個超人。

　　在尼采之後的一百餘年中，超人就出了我一個。

　　天才的價值就是思想。

　　我的天才不在希特勒、拿破崙之下（希特勒、拿破崙真的本能地就具有我如此廣泛、深刻而系統的思想嗎？）；也不在亞里士多德、康德、黑格爾之下（亞里士多德、康德、黑格爾真的能在自然、社會、思維的全部領域，如此總體、深刻，且與人類以往的文化那樣少的瓜葛而顯示出如此巨大的赤裸裸的創造力嗎？）；也不在牛頓、愛因斯坦之下（牛頓、愛因斯坦的自然思想真的比我更總體、更本質、更完美，而在人類全部的思想領域顯示出如此卓絕的創造力嗎？）；也不在莎士比亞、巴爾扎克之下（我今天本能取得得思想成就，莎士比亞、巴爾扎克的文學作品中的思想真的比我曾經的文學作品具有更高的思想價值嗎？一切文學的天才，當他真正具有大思想家的天才的時候，他必定掙脫文學的桎梏，而進入思想的宮殿。一切文學的天才其天才的層次低於思想的天才。）

因此，我的天才人類 5000 年歷史無與倫比。

我是人類歷史唯一的超人。

（爲了本書內官的完整，必須對 "我是人類歷史唯一的超人" 作一說明。但限於篇幅，僅在最主要的思維方面作一簡單的本質性的說明。從思維、精神、本性全部方位更詳盡的證明，將在我的自傳中完成。）

1 爲什麼說《真理的極限》一書 "它的思想深度超越人類目前任何一個思想家與科學家"？

答：人類經過幾千年偉大天才對自然與社會規律的探索，其中與人類生活直接相關的社會科學所取得的偉大成就，已足夠滿足人類生存、發展與理解的需要，除非今後物質與經濟發展到使人們間的相互關係再發生質的變化，社會科學已不會再産生巨大的劃時代的思想成就了。能夠使人類再産生偉大思想的唯有探索宇宙自然規律的自然科學。人類今天探究宇宙大自然奧秘最前沿、最深刻的就是以西方思想家與科學家爲首的致力於建立能夠徹底解釋宇宙大自然一切根本規律的 "大統一理論"。西方科學家已宣稱 "大統一理論" 有望完成，其中最成功的就是 "超弦" 理論。但無論是愛因斯坦的理論，還是今天的 "超弦" 理論，都不能解釋這世界的另一半，即精神世界。這就是 "大統一理論" 遲遲不能真正完成的根本原因。**真正的 "大統一理論" 它必須能解釋物質世界與精神世界的一切根本規律。**在這方面日本的思想家與科學家非常了不起，提出了 "原子中存在意識"。我的《真理的極限》一文則一步到底提出了：從絕對的 "無" 之中，最先誕生的最最微小的粒子是具有絕對意志的意識粒子（意識粒子是宇宙物質的最最微小的基本粒子，意識力是宇宙中最最基本的力。），由於意識的減弱，轉化為物質，才使得物質體積逐漸龐大，直至形成宇宙。據此，建立了一套全新的、極嚴密的宇宙理論。並同時解決了宇宙的空間、時間、體積、運動、形成、發展、消亡、意識、物種進化及今天的宇宙和我為何存在這些關於宇宙的全部最最根本、最最深刻的問題。因此說：《真理的極限》一書"它的思想深度超越人類目前任何一個思想家與科學家"。

2 為什麼說《真理的極限》一書"從純粹的思想上說，它是中國歷史最偉大的著作。"？

答：這可從四方面解釋：

(1) **自然科學** 《真理的極限》一文上面已論證了是今天人類最深刻的自然思想，因此同時它也就是今天中國最深刻的自然思想。中國歷史在自然思想方面，除周易、道德經、天方地圓等一些簡單的宇宙觀外，從未有一人能如此科學、嚴密、合理地用數學方式完全獨創地建塑一套完整的宇宙體系。因此，**本書就自然科學來說，"它是中國歷史最偉大的著作。"**

(2) **社會科學** 《真理的極限》一書中的全部社會思想是以追求至高真理及社會的全部制度必須徹底符合自然規律及人的規律，社會中人是第一位是至高無上的為全部思想的出發點與目的。提出：一個偉大民族的憲法必須是一部《自然法典》，徹底遵從自然與人的規律；人類歷史的本質就是人的欲望不斷得到滿足的歷史；明確提出並分析清"領袖為天才之必要性"和"領袖為凡人之危害性"這個對人類社會制度與社會學最最重大的課題，解決領袖問題是解決全部人類、國家、民族、社會問題中的最最關鍵、最最根本的問題；一個偉大民族必備的十項基本原則；一個民族從平凡走向偉大的必經的精神邏輯"藝術——哲學——科學"；最合理解決了人的目的、人的價值這樣一些重要的基本問題；完成了尼采提出並未能解釋清的"超人"學說等等……

我 1985 年寫的《八十年代大眾哲學》（現名《二十一世紀大眾哲學》）提出的"創造力是一個民族的靈魂"，必須最大限度地發揮國民創造力及其中的經濟與教育思想都是近二、三年國家逐步推行的最主要的政策。歷史事實證明，我這篇文章的思想在中國二十年的改革中，至少超前了十二年（事實上，中國改革一開始，我的思想就已經走在時代非常遙遠的前方了，只不過是我這篇文章寫於 1985 年，所以才只能說，超前了時代 12 年），而文中其他更卓越的思想也逐步將在中國今後漫長的改革歷程中被逐步不斷地證明是超前、正確而偉大的思想。

因此，**本書就社會科學思想而論，無論是出發點、結論和現實意義都無可非議是中國歷史最偉大的著作。**

(3) **思維科學**　思維科學的目的是探究人類思維規律，以提高思維創造能力，其最高目的乃是使人類思維達到最高創造力，既天才的思維境界。本書中《創造天才原理》與《人類精神‧領袖精神‧民族精神》二文，直接以天才思維為對象，一步結束人類跟跟蹌蹌的、進展極其緩慢的研究。提出了：天才就是將全部大腦（左、右半球）的所有功能完全、徹底地發揮使用，因而創造出偉大奇跡的偉大人物；天才思維，即人類思維的最高境界是：以無限的想像力，形成包含與所思考事物相關的全部因素（既全部真理）的形象（真理性典型形象=真理）與由這全部因素形成的全部情感的形象（真理性典型形象=情感），並且這形象極度清晰還是自然體現出全部語言特徵的形象（真理性典型形象=語言）。

真理性典型形象＝真理＝情感＝語言，偉大天才就從這包含一切真理的真理性典型形象中直接獲得絕大部分真理；更深刻、全面、獨創、科學地闡清了形象思維與邏輯思維的關係，建立了 6 條新思維原理；提出了天才的極品是超人等等……

因此，**《創造天才原理》與《人類精神・領袖精神・民族精神》二文是人類歷史在思維科學最高層次的天才思維研究上至高的最偉大的文章，它的深刻性、徹底性與完美性決定了今後除非在生理學上對天才思維可作進一步的解釋，就思維與經驗方面，已沒必要，也不可能再發展了。**[1] 就中國歷史而言，真正論及且有資格論及天才的僅孔子與老子二人，以後基本無人論及這個問題，現代即使有人也不會有成果。因此，**本書就思維科學而論，也是中國歷史最偉大的著作。**

(4) **總體** 中國歷史（包括人類歷史）從來未曾出現過一個能在自然科學、社會科學、思維科學同時具有如此深刻思想，並作出如此傑出貢獻的思想者。因此，本書當之無愧是中國歷史最偉大的思想著作。

3 為什麼說《真理的極限》一書是"人類思想不可能再逾越的珠穆朗瑪峰"？

答：**自然科學方面** 越是微觀的物質越具有更普遍、更高級的物質特性，最最微小的物質具有全部的物質最高級特性，因此它具有控制、改變自身一切特性，在自身中徹底滿足、實現一切目的的最高級能力，這種存在就是意識。因此理解到從絕對的"無"之中，最先誕生的最微小的物質是具有一切物質最高級特性的意識物，是意識能力的退化形成了物質和宇宙，這是人類對宇宙大自然理解的極限，不可能再愈越這個思想了。

社會科學方面 人類與民族的領袖必須由至高的天才（最好是超人）來擔任，這是人類社會最高、最合理、也因此是獲得最佳社會效益的至高境界。不可能再有超越這個境界的思想了。

思維科學方面 真理性典型形象＝真理＝情感＝語言，這四者達到最高程度的統一是人類至高的天才，即超人的思維與精神境界，超人是人類思維與精神的極限，因此人類對於自身思維與精神的研究，不可能再超越這個境界了。

<u>《真理的極限》一書無論在自然科學、社會科學、還是思維科學，從最高處都已經達到了極限，因此它是人類思想不可能再逾越的珠穆朗瑪峰。</u>

思維到至高了，精神到至高了，思想自然也就到至高了，這決不是學習的結果，而是自然的結果。

4《真理的極限》一文是唯一正確的結論，還是今後還可能產生其他結論？

答：《真理的極限》一文得出的思想結論是唯一的，不可能再有其他思想結論。因爲，《真理的極限》一文中沒有一個主觀臆造的詞語，也沒有一絲一毫主觀武斷性，它完全是按宇宙大自然本身的特性、規律、邏輯所作出的最忠實的描述，與我們所有的常識、經驗、科學結論是絕對一致吻合的 ，宇宙大自然本身就是這樣的，所以它的結論必然是唯一不二的。

再者，人類對宇宙大自然的探索有三種方法：科學實驗；哲學思辯；宗教修煉——在自身中實證宏觀宇宙和微觀物質。本文的思想是這三種方法最高、最後的集大成成就，與這三種方法的所有偉大成就是完全一致不背的。因此，本文的結論是唯一不二的。

附　注：

⑴ 本解釋中引用的尼采思想均摘自于周國平先生《尼采》一書。

⑵ 天才的個性問題我沒有論及，因爲天才們的個性雖然有著許多必然的共同性，但這共同性之中卻還具有著巨大的差異性。比如：一般認爲天才具有孤獨性，但有的天才一生卻並不孤獨，毛澤東主席有那麼多理解他的戰友陪伴他一生，他孤獨什麼呢？因此天才的個性問題太容易引起不同的看法，故避開不論。

本書對人類思想的貢獻

1.提出了宇宙中只存在兩種物質，一種是使宇宙及其中事物存在且發展的空間存在物質，一種是使宇宙及其中事物消亡的時間消亡物質。宇宙從無產生、發展、消亡的全部過程及在這過程中產生的全部不同物質，是空間存在物質與時間消亡物質以相同或全套不相同比例對立統一共存於一體的產物;當空間存在物質與時間消亡物質絕對相等時，宇宙就為絕對無任何物質的絕對的"無";當空間存在物質與時間消亡物質不相等時，兩者的差額，就是宇宙或物質的體積;空間存在物質與時間消亡物質兩者不相等就得鬥爭，以求相等平衡，這種鬥爭就導致了宇宙的運動。並由此建立了一套嶄新的宇宙模式。(新宇宙八大原理)

2.解決了時間、空間與運動的本質問題;

3.提出了從絕對的"無"之中，最先誕生的、最微小的空間存在粒子時間消亡粒子對立統一體是萬能的意識物，它能徹底滿足自身的一切意志目的。

4.提出了從萬能的意識物空間存在粒子時間消亡粒子對立統一體發展出了全部基本粒子、全部物質及宇宙，也就是意識及意識的需要創造了宇宙。

5.提出了從萬能的意識物，空間存在粒子時間消亡粒子對立統一體，產生全部基本粒子、全部物質、形成宇宙的過程，是物種從絕對自由向徹底不自由異化的過程;而從無機物向有機物，從低級生命物向高級生命物——人進化的過程，是物種從徹底不自由，克服異化向絕對自由的最高級物種進化的過程。

6.提出了人類意識能夠從本質上再現宇宙及物質的本質與進化過程，它擁有宇宙物質的一切本質能力。宗教的目的就是通過修練使人意識的全部潛能開發出來與宇宙的本質能力相吻合。因此人類意識的本質就是宇宙的本質。

7.解決了物質與意識的關係問題，從而統一了唯物主義與唯心主義哲學的基礎。

8.統一了人類三大思想體系——哲學、宗教、科學。

9.提出了人類思維能力是由意識(思維)打開程度決定的，精力旺盛的人自然打開程度大，因此精力水平決定思維水平。人類種族差異的實質是精力的差異，精力優秀的種族中能達到人類最高思維的偉大天才多，偉大思想不斷更新，民族因此發展快；精力一般的種族，偉大天才極少，偉大思想也極少，民族因此發展慢。

10.建立了一套偉大民族必備的精神邏輯(十條原則)。

11.提出了人類思維達到"真理性典型形象=真理=情感=語言"的狀態，是最偉大的天才思維狀態，並建立了六條新思維原理，這是人類達到最高天才思維的唯一途徑。

12.徹底解釋清了人類文化史上一大謎，既孔子所說的"生而知之者"及西方思想史上所說的"先知先覺者"的神秘的知識來源之謎。

13.提出了"領袖為天才之必要性"從而解決了領袖的素質問題(三權分立理論解決了領袖權力問題，但並未能解決領袖的素質問題。這兩個理論結合起來，才完整解決了領袖問題。)。

14.完成了尼采的超人學說。

15.提出了人類應該早日實現統一的偉大理想。

由此，本書首次將宇宙的空間、時間、體積、運動、產生、發展、消亡、物種進化、人類、種族、民族、宗教、意識、天才思維等最根本的問題統一在一致的邏輯目的上,並作出全新的、最徹底的極限性結論。據此建立了一套具有嚴密內在邏輯的嶄新的思想體系。

在人類歷史上,對自然科學、社會科學、精神思維科學同時作出如此巨大貢獻的個人是從來不曾有過的。本書是中華民族能與人類歷史上最偉大五個思想家、科學家相抗衡的唯一的著作,是中華民族在思維、思想與精神上永遠的驕傲。

《眞理的極限》是人類唯一的 先知先覺者（超人）寫就的著作

—— 我的思想旅程

我對著真理和上帝，用我全部的智慧、人格及尊嚴擔保我以下陳述中的每一個字、每一句話，都是經過反復思考、慎之又慎、確定其絕對無絲毫的差錯，方才寫成文字的。因此其具有絕對的真實性與正確性。

我一生從頭至尾讀過（指對書內容的閱讀超過 95% 以上）的思想性著作絕對不會超過 3 本；閱讀思想性著作的時間總量不會超過 70 天。

事實的陳述

1.**學前階段**(1962—1970) 我 1962 年 9 月生於上海，大約 3 歲左右進過很短一段時間的託兒所或幼稚園，那裏並沒有什麼教育。母親教我識了數量不會超過 50 個的簡單的字，便是我在這個階段擁有的全部的“文化知識”。

2.**小學階段**(1970—1975) 1970 年春，我進小學學習，三年級左右讀完了繁體七十回本的《水滸傳》。由此好寫古文、好作古詩詞，並用大量的時間學習繪畫與書法，四年級時我的素描、國畫與水粉畫已經畫的比較像樣了，五年級時我的書法已可臨摹得與字帖上的字非常相似了。小學畢業考試，數學全年級只有 2 個

100 分，我是其中之一(但那正是文化大革命的年代，那時的教育與今天嚴格、系統的教育不同，所解的題目沒有什麼難度，也沒有什麼變化。)。

3.**中學階段**(1976—1980) 初一，我放棄了繪畫、但仍好書法，寫的是行書。整個初中階段，我的學習還是比較認真的。(幾年前，我在路上遇到初中時教數學的馬啓東老師，他說我的數學考卷他一直保存著，並經常給同學看，字跡工整，卷面整潔，滿分。)

整個高中階段，隨著我的創造力越來越強，我極端厭惡機械的學習。上課什麼也聽不進去，也根本不願聽，並經常不去學校學習，因此高中的教育對我幾乎爲零。

但在 1979 年的春季或夏季，我用了大約一星期的時間，寫了一部五萬字的中篇小說《之所以成爲罪人》。班主任張莉君老師（教語文）將這部小說推薦給了語文教研組組長王幼濤老師（今上海人民廣播電臺新聞部總監），王老師又將它推薦給了《青年報》社，過了幾個月，我怕遺失，就向王老師要回了書稿，給我書稿時，他說《青年報》社考慮連載這部小說。但已經拿回來了，我也不好意思開口再讓他送回去，就將書稿收回來了。

《之所以成為罪人》是一部什麼樣的小說

《之所以成爲罪人》是人類文學史上至高的語言，同時它也是我們民族現代漢語文學作品中至高的語言。這是因爲：

語言是思維的體現，只有至高的思維才能寫出至高的語言。我的思維在那時已經達到了人類思維至高的極限，因此我那時的語言必定是人類語言至高的極限；

人類至高的思維是將形象思維與邏輯思維（即大腦的左、右半球）的全部功能最完全、徹底的發揮、使用出來。我的文學語言正是這種**發展到極限的形象思維與邏輯思維交溶一體的產物，因此它必定是至高的語言；**

該小說的語言充滿了哲理與思想；

這部小說前 5、6 千字是先寫在草稿紙上，僅對極少量的字和標點做些修改後，再抄到文稿紙上；再後的 2、3 萬字仍是先寫在草稿紙上，但已經不需要再做任何修改就可直接抄到文稿紙上去了，**最後的將近 2 萬字左右，因而就可直接寫到文稿紙上了，並且沒有作任何修改，前後的質量完全一致，絲毫不受影響。這證明我在思考或表述時，已經將大腦中相關的全部信息同時徹底搜索出來使用了，因此不需要作任何修改，寫畢也沒有任何遺漏與遺憾，因此這部小說在藝術及語言上必定是至善至美的。這是人類至高思維境界的產物，其語言也必定是人類至高無上的。**

一個人曾經大腦處最佳狀態時，其形象思維與邏輯思維必定平衡。因此從我今天用邏輯思維產生的思想所取得的至高的成就，就可推斷出我曾經依賴於形象思維所產生的藝術也必定是至高的。

真理性典型形象=真理=情感=語言，這個思想就是根據我寫這部小說時的創作感受得出的，這是天才思維的最高境界，也是文學作品創作的最高境界。從我創作時達到的這個境界，就可證明這部小說是至高的文學作品。

這部小說後來沒再投稿。大約 1983 年被我朋友朱愉（現居香港）遺失。

這是人類特別是我們民族文學史的巨大損失，因為這是真正的天才的語言（不！更確切地說是具有先知先覺者才能的至高的

天才寫就的語言。），在我們民族的文學史上是從來沒有出現過的。真正天才的語言與一般作家的語言在表述上有著極大的（或者說是本質上的）區別。我的文學語言是高於莎士比亞的。莎士比亞語言的缺陷在於，雖然其語言足以證明其天才，但這種能夠證明其天才的語言的密度還不夠，還可以增加 1-1.5 倍，那樣莎士比亞的思維就達到了人類至高天才的思維，其語言也就達到了人類至高的語言。（這部小說寫完以後，我一生再也寫不出這種語言了。一個人一生真正好的作品只有一部，我一生在形象思維上至高的作品是《之所以成爲罪人》，在邏輯思維上至高的作品是《真理的極限》，從《真理的極限》反過來可以理解《之所以成爲罪人》同樣是人類形象思維的極限。）這部小說的遺失，其損失之巨大就好比是我今天《真理的極限》手稿遺失的程度是完全一樣的。

寫《之所以成為罪人》那年，我僅 16 足歲

1980 年，我參加高等院校入學考試，成績總分 295 分，其中英語 26 分(也可能是 27 分)。該年普通高等院校錄取分數線爲 300 分，我因此落榜。

整個中學階段，作爲思想性著作，我唯一看過的就是大約 10 幾頁的劉少奇先生著的《論共產黨員的修養》。

4.**中專階段**(1980—1982) 大學沒考進，1980 年 9 月我被上海財政金融學校（該校我畢業前被拆分爲上海財政學校和上海銀行學校，我屬於上海銀行學校，既今天上海高等金融專科學校。）錄取，在金融專業學習。整個兩年的學習期間，我仍然非常厭惡機械的學習，並且我特別厭惡與經濟二字（包括這兩字本身）有關的一切名詞和內容。我聽到這些名詞和內容就感到不舒服（歷

史記載希特勒談到經濟問題頭就痛，一個人達到很高的境界後，自然就會厭惡與經濟相關的一切內容。但這絲毫不妨礙他們的經濟思想是偉大的。），上課從聽不進去，只是到考試前才照課本背 2—3 小時，基本上全部及格，僅財務分析和珠算兩門課運用作弊的方式通過了考試，總算勉強畢業了。

整個中專階段，我僅看過大約 1/3 本黑格爾的《邏輯學》，應該沒有看過其他的思想性著作。

5.工作階段(1982—1986) 1982 年 8 月我畢業並進入單位工作，至 1983 年 9 月這段時間，我工作非常空，因此每天在大約 9cmx 6cm 的小紙片上寫完全獨創的新思想二到三本(每本一百頁)，也就是說我每天要產生的新思想達幾百條。並且閱讀了一些思想性著作，其中大多數是美學著作（1983 年我報考過美學研究生）。我一生中 90%以上的學習就是在這一年之內的時間中完成的。這期間我形成了自己的美學體系。真理性典型形象=真理=情感=語言的思想就是在這期間提出的。1984 年，我仍在不斷思索社會與思維問題，1985 年春節前後擴展到思考宇宙問題，僅幾天就得出了宇宙從無最先產生出的最最微小的粒子是具有意志的粒子的結論。至此，我以為我對自然、社會、思維的本質已經有了比較深刻、系統的認識。要將我的思想用於社會實踐，於是在 1985 年 5、6 月間，我發起、組織、成立了"上海現實與理想研討會"，旨在探究現實的社會與理想的社會之間存在多少差距。1985 年 9 月，我作《八十年代大眾哲學》，這篇文章是我 16 歲至 22 歲的全部思想的總結。

這時期我立志要從本質上結束人類的思想，要從本質上解釋清宇宙自然界的奧秘。因為我知道我已經達到了人類至高的思維，如果我不能完成這個任務，那就是人類今天還沒有條件完成這個任務。

6.**經商階段**(1987—1990) 1987 年 5 月我向朋友借款五萬經商（實際上只給了我三萬，言明三萬用了不夠，再補二萬，但我在 1987 年國慶節之前就還清了三萬借款，並不需要再繼續借款了。），這期間我取得了一些商業成績。過著非常優裕、舒適的生活。（**我每月賺取利潤的 95%以上用於消費，僅積蓄很少的一部分，以備急用。**我這個個性決定了我不會是一個好的商人。）

這期間我不思考任何真理問題，也沒看過任何一本思想性著作。

7.**婚姻階段**(1990—1994) 1990 年 9 月我有了戀愛對象，因她畢業於上海交通大學（她高等院校入學考試成績在上海 100 名之內，並在中學與大學期間幾乎每年都被評爲三好學生。），學歷高於我。故我想寫篇文章以補此不足，於是爲她作了《新宇宙原理》一文。1991 年 5 月我與她結婚，1993 年 12 月分居，1994 年 11 月離婚。

這期間我沒有看過任何一本思想性著作（《新宇宙原理》從思想的產生到寫畢時間很短，約 7 天，我沒有看過任何一本參考書。），基本上也不思考任何思想性問題。

8.**經商階段**(1995—1998) 離婚後，1995 年 10 月我開了個公司，從事化妝品生產，產品出口到日本。我又過著非常優裕、舒適的生活。但已具雛形的生意，由於我後來喪失了我創業初期時的那種認真、刻苦與一絲不苟的精神，**每月不論賺進多少利潤都不夠我揮霍**，企業無法發展，直至 1998 年停業。

這期間我沒有看過一本思想性著作，基本上不思考任何思想

<u>性問題。</u>

9.**成書階段**(1999—2001) 1999 年 2 月我將《八十年代大衆哲學》改爲《二十一世紀大衆哲學》與《新宇宙原理》兩篇文章，拿到上海學林出版社，他們說書太薄，於是我又作了《種族·偉人·民族》及《創造天才原理》兩文（**寫這兩篇文章沒看過任何參考書**）。後來編輯未同意出版。

1999 年 5、6 月間我産生了意識創造物質及宇宙的重要思想。我深知這思想意義重大，因此到圖書館將幾乎全部有關於宇宙學的著作花了大約 5 天的時間研究了一遍，然後寫出了《真理的極限》一文。

2001 年 4 月我作畢《人類精神·領袖精神·民族精神》，因後面說明中有"《創造天才原理》與《人類精神·領袖精神·民族精神》二文是人類歷史在思維科學最高層次的天才思維研究上至高的最偉大的文章"一句，爲了慎重起見去圖書館看了康得、黑格爾、叔本華、狄德羅等文集中的論天才的文章，果然不謬，他們論述的天才境界均在我之下（西方的天才論述的均是一般的天才，對於近乎最高層次的先知先覺的天才，除了像希特勒那樣有片言只語外，從來沒人真正論及過。我是人類歷史第一個完整論述並解釋清先知先覺天才的人。）。又因我在《人類精神·領袖精神·民族精神》一文中說，我完成了尼采的"超人"學說，因此我去看了尼采的著作，但他的著作不管哪一本，我一頁都讀不下去（他的表述總是那樣的含糊不清），因此只能看介紹他"超人"學說的著作，相比之下，周國平先生寫的《尼采》一書最適合我，我極其仔細地閱讀了其中的"超人"一節，果然不錯，尼采想講的和我所講的完全是一樣的東西。（**我就是尼采想講的人，我不能**

講清自己是什麼樣的人，還有誰能講得清呢？）

　　至此，<u>我完成了 20 歲左右立下的要從本質上結束人類思想的宏偉願望。</u>

　　結論：《真理的極限》這本著作我已經完成了。我非常客觀、嚴肅、冷靜、仔細地回憶了這部書的全部成書過程，竟然得出了這樣一個符合事實的真實結論：<u>撇開學校必須學習的課本（包括我考美學研究生學習的美學參考書），我一生真正認認真真對書內容的閱讀超過 95%以上的思想性著作絕對不會超過 3 本；閱讀思想性著作的時間總量不會超過 70 天（從 16 歲起按平均每年看 3 天書計，22× 3=66 天。）。</u>

理論上的證明

　　上面從事實上證明了我幾乎不學習就理解了自然、社會、思維的一切最本質規律。一個人為什麼不需要學習就能懂得一切規律呢？這還需要從理論上證明其合理性與必然性。

　　1.**什麼是知識**　知識是人們用合理的思維方式對世界事物規律作出的認識。

　　2.**知識是怎樣產生的**　對某一事物或與之相關的幾個事物觀察思考是(幾乎)不可能認識其規律，即形成知識的；只有當觀察思考事物時能同時將與之相關的因素達到一定數量集合起來觀察思考，才能認識其具體的、膚淺的、有限的規律，也就是具體的、一般的知識，比如：經濟學及各種技術等；<u>只有當觀察思考事物時能同時將與之相關的最廣泛的全部因素集合起來觀察思考，才能認識其最廣泛、最深刻、最普遍的規律，也就是最高等的知識，即哲學與理論物理學。</u>

3.**絕對最高思維** 因此決定人們能否認識世界事物規律(知識)及認識的規律(知識)的合理性與普遍性(知識的價值)的是是否具有了最完善的思維方式。當你具有了在觀察思考事物時能將與之相關的最廣泛的全部因素同時集合起來觀察思考的人類至高至善的思維方式,你就能從自然、社會、精神思維中直接得出一切(最)本質的規律,即知識。人類以往創造的全部知識(不包括技術類),你不需要學習,就自然地獲得了。希特勒說 "16 歲就自然懂得了一切知識(因為具有了至高、至善的思維方式。我注。),以後學到的知識,不過是論證大腦中已有的知識而已。" ,就是這個道理啊!

4.**絕對最高精神** 思維到至高、至善了,就能創造出一切最偉大的精神奇跡(包括產品),人也就成了至高、至偉大的人,其精神也就必定是至高、至偉大的。這至高、至偉大的精神中自然具有、體現了人類全部最偉大的精神規律(一切偉大事物的本身、形成過程及如何造就這種偉大。)與自然規律(自然規律在人的身上得到最高的體現)。因此精神越高、越偉大,其知識也就越高、越偉大;到至高、至偉大的精神,自然就擁有了人類(特別是人類)與自然的全部至高、至偉大的真理。

5.**精神巨人** 天才具有至高、至善的思維方式,因此能對他所處的時代的全部領域作出至高、至深刻、至偉大的結論;天才具有至高、至善、至偉大的精神,他是那個時代精神的至高體現,因此**天才**是一個時代至高的典型,**是一個時代的真理體**。天才將他的思想與精神以不同的方式揭示出來,便成了他那個時代不朽的精神巨著,他也就成了一代不朽的精神巨人。

6.**真理與知識** 自然與人類中的任何事物都是一個整體。天才的著作只是將其中某些特徵或規律作出了揭示。因此天才的著作並不是真理的本身，無論怎樣努力學習天才們的著作，也永遠得不到真正的真理。**真理在自然界與天才的精神之中。（有關於人的一切至高、至偉大的真理，只能存在于天才偉大的精神之中，天才的自身才是有關於人的一切真理的本身。）**

因此，**高層次天才本身就是一個真理體（天才真正的價值既在於此）。人類幾千年思想的真理全部自然包含在一個至高天才的思維與精神之中。天才的知識才是真正的知識，是"真知"，學習得來的知識是"假知識"。**

所以：

孔子曰"生而知之者上也，學而知之者次也。"；

老子曰"絕聖棄智"（智，通知，知識。）；

希特勒說"真正的天才總是先天的，從來不需要培養，更談不上學習了。"

不學習的原因

1.文化大革命時期(包括剛結束後的幾年)沒有受到良好的教育對每一個人都是歷史的事實；

2.我自從立志於人類思想起就知道，我巨大的創造性決定了我的思想對社會的影響之大、之深刻，這在理性殘缺的中國要公開發表幾乎是不可能的，因此學了也是白學。

但這兩者畸形的"怪胎"，卻孕育出了我這個"怪物"——**既沒受過非常系統、良好的教育，又不自學，而幾乎純粹僅憑自己的大腦就悟出了自然、社會、思維的一切最本質、最偉大的真理。**

因此，**在我的思想中自然地就具有了人類從原始社會走出，**

<u>剛開始創造文化時的那種原始、粗曠、野蠻、總體的特點，具有了古希臘大哲獨有的思維與精神素質。</u>

旁人的證明

僅有我自己學習過程的說明和理論上的證明是不夠的，還必須有旁人的證明：

1.蔡元日老師 上海閘北區第五中學教師。他是一個學識淵博、極有才華的人。1982 年左右，有一次他對我說：你這個人不用學習，想一想就知道了；

2.陳萍 我 1990 年 9 月與小陳相識到 1993 年 12 月分居，這 3 年間我們幾乎朝夕相處，我沒有看過一本思想性著作，這是可以被證明的（離婚至今我與她沒任何接觸）；

3.我讀書時字的漂亮(毛筆字比鋼筆字好的多)是學校有名的，因爲十幾年沒好好寫字，我今天字寫的很差了，這可以從一個側面反映我不寫字，也不看書；

4.<u>我今天還活著，我接觸過的所有的人都還活著，如果有必要可以對我接觸過的全部的人進行調查，鐵的事實將告訴你們：我是一個幾乎不看書的人（ 1987 年起絕對不會有任何人看到過我看思想性著作）。</u>

附： 1.文學作品高中畢業至今全書基本讀完的不會超過 2 本，報刊雜誌也是較少看的。

2.我全部的藏書：1985 年—2000 年，思想類著作 1 本、保健類著作 2 本、英漢字典(辭彙量 1.5 萬條)與漢英字典(辭彙量 1.6 萬條)各 1 本；2001 年—2002 年底我又添加了 7—8 本電腦類的書。這就是我全部的藏書。

結　　論

《真理的極限》是一個幾乎不看書、不學習的先知先覺者寫就的著作；它是人類迄今為止能夠留下的唯一的先知先覺者寫就的著作；它也是證明人類至高的思維不需要學習就能理解一切真理的最好的、唯一的藍本。

我與人類思想家才能的比較

比較標準：

1.思想廣度　思想涉及的範圍越廣，意味著思想者憑直覺把握事物本質的才能越大。人類歷史上能真正在自然科學、社會科學、思維科學同時取得成就的，可能只有亞里士多德、康德、黑格爾和我 4 個人。（從大百科全書中檢索得知：亞里士多德作為古希臘哲學集大成者，在社會科學上作出了不朽的貢獻，他的形式邏輯理論在思維科學上作出了不朽的貢獻，但他在自然科學上並沒有作出了貢獻；康德提出了星雲說，在宇宙學即自然科學上作出了不朽的貢獻，其作為德國古典哲學奠基者，在社會科學上作了了不朽的貢獻，但其在思維科學上並沒有作出了貢獻；黑格爾作為德國古典哲學集大成者，在社會科學上作出了不朽的貢獻，其《邏輯學》理論可能與思維科學上的辯證邏輯有關，也算他在思維科學上作出了貢獻，但其在自然科學上並沒有作出了貢獻。）

2.思想深度　思想越在總體上突破取得成就其貢獻就越大。我在自然科學、社會科學、思維科學全部領域的最總體、最本質的思想上均有所突破和發展，並將他們從本質上發展到了無可逾越的極限。而亞里士多德、康德、黑格爾三位最偉大的思想巨匠是否能真正做到在這些領域的最總體、最本質的思想上均有所真正的發展呢？即使做到了，而這三位巨匠無一不是教授，無一不是對人類以往的思想作了大量研究，而我幾乎不學習，僅憑自己的大腦就取得了在最本質上可與他們相媲美的成就。

附：與希特勒之比較希特勒是一個憑直覺把握真理(事物本質)天賦極高的人(是一個高層次的天才)。他說：一生僅在維也納流浪時讀了二年書(730 天)，以後就再也不需要學習，終身夠用了；而**我一生中僅僅大約學習了 70 天，如果不從事專門的理論研究，僅從事現實工作，我一生也不需要再學習了，可從直覺產生的思想取得的成就來說，希特勒肯定與我還有一點距離。**

人類憑直覺把握真理的能力（天才的能力），在我的身上應該說，不！是肯定地說已達到了極限，我不需要學習就可自然懂得一切偉大的思想；任何一門我全然不知的思想性學科，我只要研究 3 天，甚至僅僅在瀏覽一本書目錄的幾秒鐘的時間，就可從總體上產生更合理的思想了；**我全部的思想，包括全部宇宙學說、超人學說、天才學說等等的提出，全部都是先產生全部思想，然後僅僅是因爲學術的嚴肅性，才去查閱一些相關的書籍。有的時候，我產生的思想，在後來的資料查閱中竟然發現，與人類經過幾千年的探索得出的結論完全一致。**

我們中華民族自春秋戰國至今，沒有產生過一個真正的思想家，即使是春秋戰國時期，我們民族歷史上最偉大的思想家孔子與老子二個人合在一起，其思想之偉大程度也不如亞裏士多德。因此我們中華民族在思維、思想與精神上從來就沒有與西方最偉大人物達到過同等的境界，**唯有我——蔣立民——才無論在思維上（作爲一個先知先覺者，即人類至高的天才。）、思想上（將**

自然科學、社會科學、思維科學從最本質上都發展到了至高的極限。）、還是在精神上（揭示了人類歷史第一次先知先覺者的精神境界，人類以往對天才的研究其境界均在我之下。）都達到了人類至高無上的極限，因此可與西方歷史最偉大人物（包括思想家）在思維、思想及精神上達到有過之而無不及的境界。

因此，《真理的極限》一書洗刷清了我們中華民族 2000 年思維、思想與精神上的恥辱，它可與人類歷史上任何一部最偉大的著作相媲美，並且它還具有人類全部著作名稱中最偉大的一個名稱——《真理的極限》。

超人致力於人類的思想，人類的思想從本質上就結束了。（為什麼說我就是尼采夢昧以求的"超人"，我將在不久就要撰寫的自傳中作最詳細的說明。在此先順便提一下，作為一個先知先覺者幾乎已經是超人了，先知先覺者與超人的區別在於先知先覺者偏重於思維，其精神與本性可能還會有極微妙的一絲缺陷，而超人則非但要求思維上的先知先覺，並且要求精神與本性的徹底符合與臣服於真理，徹底的完善。我不僅是一個先知先覺者，並且是超人。人類歷史唯一的超人。）

二〇〇二年七月

鄭重聲明

由於我生活在像中世紀那樣，沒有自由思想的國家制度中，我具有最高創造性的思想，是無法公開發表的。因此將本書公之於 internet 網上達三年於。我在本書中每篇文章的寫作時間都是絕對真實的，詳細的證明材料已全部提供給出版社。

人類只承認第一個產生重要思想的人。將來人類的科學一定能夠證明，我在本書中所講的每一個字，都是絕對真實的。

我不會玷污我這部萬世不朽的著作。